U0915385

澄衷蒙學堂字課圖說

壹

澄衷蒙學堂字課圖說

字課圖說

蘇州吳子城繪圖

上海順成書局印

光緒歲次辛丑孟冬月

澄衷蒙學堂四次石印

編校凡例

此次復刻本以《澄衷蒙學堂字課圖説》一九〇一年初版爲底本，爲保持原版風貌，版式設計一任其真。原版存在的圖片、文字不清晰之處加以全面修復；存在的明顯錯誤或特殊情況，加以訂正與統一。力圖使其成爲流傳以來最爲優良版本。具體編校原則如下：

一、頁碼錯誤或頁碼標記方式前後不一。如檢字頁一『山』字所在頁碼，底本寫作『一卷十一』，經核查改爲『一卷五十一』；檢字頁九『鈆』字所在頁碼標記爲『百零一』，正文爲『一百一』，統一爲『百零一』。

二、缺筆或多筆。如類字頁十四『翩』字，右上缺一横筆；卷一頁九『暑』字條，『節令有太暑、小暑、處暑』，『太』改爲『大』。

三、書寫錯誤。如卷二頁五十二『押』字條，『檢柬』，『柬』改爲『束』。

四、特定知識錯誤。如卷一頁六十一『觀』字條，底本爲上艮下坤山地剥，改爲上巽下坤風地觀。

五、檢字與正文字形不一。如檢字頁十二『既』字，改爲正文統一字形。

六、避諱及异體字。如檢字頁二『玄』字缺筆，卷一頁八『儀』字條『太元經以天地人爲三儀』，均爲避康熙諱，『太元經』即西漢揚雄《太玄經》，均予以保留；另有『丘』『廷』等當時習見异體字，與標準寫法略有差别，是古人書寫多樣所致，善書者見之當能會心。

漢字的時代演變與生機

一、漢字的意義并非經久不變

今人多把《澄衷蒙學堂字課圖說》（下簡稱《字課圖說》）當作識字書或蒙學教材，以爲這衹是給孩子和老師們看的，今人讀它也衹是在衆多的漢字書裏聊備一格。但事實上《字課圖說》不衹是識字讀本，還是一套小型簡明的百科全書。對《字課圖說》的閱讀也不一樣，有的人讀得快，三五天即通讀一遍；有的人讀得慢，兩三個小時衹讀了十幾頁。因此我們在這篇介紹性的文字裏，討論《字課圖說》的讀法極有必要。

跟『三百千』（即《三字經》《百家姓》《千字文》）以及《幼學瓊林》等傳統的蒙學教材不同，《字課圖說》有鮮明的時代特徵。今天的讀者讀這部《字課圖說》，印象深刻的是，前人對漢字的認知跟古人和當代人對漢字的認知都不大一樣。漢字的意義并非經久不變，而有着時代的變遷。

《字課圖說》編著者們認爲所選的三千多字，『皆世俗所通行，及書牘所習見者』。但我們今人讀來，會發現一百年前的通行漢字有不少已經生僻化、邊緣化了。比如有關車馬一類的字中，『轂』『軺』『轅』『鞅』『韁』『轡』等字，樹木一類的字中，『杕』『樗』『櫟』『櫝』『栫』『籜』『篠』『�』

等字，都已經很少用了；甚至動字類中，『覲』『蹕』『彀』『糴』『窆』『酖』『澣』等字，使用的頻率也已經非常低了。而本書書名『澄衷蒙學堂字課圖說』在我們看來非常常用，但居然有好幾個字没有收進本書。有人感慨說，『畢竟是一百多年前編著的，一些內容過于陳舊，距離學生們的生活太遠』。

事實上，與其指責《字課圖說》的內容陳舊，不如把它當作一個時代客觀的事實，以此認識漢字變遷的特徵和意義。無論今天的師生或普通讀者，應該把漢字的動態演進當作一個常識。明乎此，我們才能不妄自尊大，把時下流行的語文當作認知世界的標準。

二、清末民初的社會觀念『活化石』

我們看《字課圖說》選用的通行字在今天已不再通行，正如我們和《字課圖說》的編者看《詩經》中的常用字一樣，先秦時代通行的『寘』『蕢』『簣』『隰』『溥』『翿』『氾』等字，在後來也不再通行。先秦時代活躍的很多字在我們今人看來已經死亡，比如給人印象深刻的各種馬的名稱，僅用毛色命名的馬就有二十多種，『驪』（純黑色的馬）『駱』（黑鬃的白馬）『騂』（赤黃色的馬）『騮』（紅身黑鬃的馬）『騧』（黑嘴黃身馬）『騏』（青黑色的馬，或者白馬有青黑色紋路）『駰』（毛色黑白相間的馬，淺黑帶有白色的雜毛馬）『騵』（赤毛白腹的馬）『騅』（毛色蒼白相雜的馬）『駓』（毛色黃白相雜的馬）『驒』（有鱗狀黑斑紋的青毛馬）『驈』（黑馬白胯）『駵』（黑鬣的赤馬）『騢』（赤白色的雜毛馬）『驔』（腿脛有白色長毛的馬）『馵』（後左足爲白色的馬）……

因此，正視時代的特徵，正視前人和我們自身語言和思維的邊界，應該是我們讀這部《字課圖說》正當而健康的態度。如果說《詩經》《尚書》《爾雅》《左傳》等先秦經典中多有我們習焉不察而能接受的生僻字，那麼《字課圖說》離我們僅僅百年，就有如此多的生僻字，實在

是需要我們認真考察的。明乎此，我們才能平實地認識當代和自身，我們并非空前絶後享用文明福祉和消費、揮霍漢字的一代，『後之視今，猶今之視昔』。

在這個意義上，《字課圖說》提供了極爲生動的活化石，清末民初人日用而不知的漢字居然已有相當不再通行，這是歷史和漢字演進劇烈的明證。而《字課圖說》中的漢字已經跟『三百千』一類中的漢字有所差异，如果說『三百千』中的漢字表徵了漢唐宋明等上千年相對静態的生活觀念，那麽《字課圖說》中的漢字則增加了清末以來國人的世界觀。顯然，當代漢字中的觀念跟百年前漢字中的觀念有非常大的差异。我們讀《字課圖說》中的國家名稱就跟今天的國家名稱有异，如『倭』『愛』『俾』『暹』等漢字也是國名，估計今人讀來既一頭霧水又不免饒有興味。

是的，考察《字課圖說》中的國際關系和國家觀就相當有意義。如『亞』字條目下說，『全州人口約爲七萬四千六百萬。開辟最早。夙以甲五洲。近百年俄雄于北。英競于南。法據安南。德義亦覬覦其側。喧賓奪主之勢。駸駸盛矣。』如『歐』字條目下說：『民風堅毅。權勢獨雄。列强相持。莫敢先發。其尤强者。推俄英法德四國雲。』如『美』字條目下說：『乾嘉以後各自建國。不復歸歐洲統攝。然人民皆其苗裔。土著幾蕩然無存矣。』

《字課圖說》時代的國情觀有着我們中國人固有的情感投入，其中有對强者的感慨，如『倭』字條目下說：『昔爲蕞爾之島邦。今則駸駸乎强國矣。』如『俄』字條目下說：『康熙時略定亞洲地。來請通商。今其鐵路。直通我東三省。用心殊險矣。』至于弱小國家，編者不無同情，甚至有聯系自己國家的憂患，如『韓』字條目下說，『大權盡失。而民氣又不克振拔。初無自全之術也。』『緬』字條目下說，『比來開築鐵路。轄境直接我滇疆。而西南自此多事矣。』如『印』字條目下說：『事由英人主持。印民則爲奴隸矣。』

《字課圖說》時代的國家認同也有意思，如『清』字條目下，『大清者。我朝有天下之號也。土地之廣。亞于俄英。人民之衆。冠于列國。統屬之地。分二十二省。北爲内外蒙古。西爲青海西藏。物産殷阜。尤全球所艷稱』。可以說，其中的『自信』和『國家認同』躍然紙上。

三、如何挖掘這座品類齊全的地礦

由此可見，《字課圖說》作爲小百科雖小，但『肝膽俱全』，值得今天的讀者解剖。《字課圖說》是一座品類齊全的地礦，有待讀者挖掘。如前述，《字課圖說》時代的國際視野就是一個好題目。在我看來，《字課圖說》時代的時空觀同樣值得梳理，其中有對傳統中國文化的繼承，如干支紀時，如今人已經陌生的時間空間化、空間時間化意識。編者在『東』字條目下說：『于時爲春。』『西』字條目下說：『于時爲秋。』『南』字條目下說：『于時爲夏。』『北』字條目下說：『于時爲冬。』

我個人近年研讀傳統時空觀，在跟人分享古人的思想觀念時，遇到了不少挑戰。古人以爲天經地義、理所當然、毋須論證的說法，我們這些後人心中却是將信將疑的，在一些科學主義者眼裏是可笑的。古人視爲大道或公理性的東西，在我們這裏却成了『假說』，我們不少人讀到古人的這種時空觀會大笑，『不笑不足以爲道』。

當然，也會有不少讀者讀到一些條目備感親切。如『秋』字條目下說，『百穀以初生爲春。成熟爲秋。故麥以孟夏爲秋。』對節氣知識稍有了解的人馬上會想到立夏之後『小滿』節氣的三候，苦菜秀，靡草死，麥秋至。這裏的『秋』

字就是指小麥成熟了。如此我們也能理解，《字課圖說》時代或傳統文化中的有些漢字，其內涵外延較之今天要豐富得多。

在我的印象中，《字課圖說》可值得梳理的角度非常多，除了上述的國家觀、時空觀外，還有《字課圖說》時代的建築、《字課圖說》時代的植物、《字課圖說》時代的動物、《字課圖說》時代的民生、《字課圖說》時代的養生、《字課圖說》時代的科技、《字課圖說》時代的公民教育、《字課圖說》時代的避諱字或敏感字（就是爲了避皇帝諱而缺筆的字，初看那些缺胳膊斷腿兒的字是錯別字，再思之下就明白是敏感字）、《字課圖說》時代的書牘字及其俗字……

如果把這座礦脉中的礦藏都挖掘出來，我相信，讀者會對漢字和歷史的演進有更清晰的認知。尤其值得一說的，《字課圖說》中的字有編者們人生社會的常識，這比後來的『政治課』『公民教育』『愛國宣傳口號』更有意義。比如『鈔』字條目下說：『今中西并行。謂之鈔票。惟限制不嚴則易滋流弊也。』如『鎊』字條目下說：『英以十二夲士爲一先令。二十先令爲一鎊。中國向外洋購件及他貸借諸款。皆以金鎊計。故鎊價盈虛伸縮之權。悉操自外人焉。』

四、結合原典閱讀來温故知新

《字課圖說》堪稱一部近代正本清源的『說文解字』，它本身即有對漢字切入的角度，比如它按天文地理、山川河岳、民生日用、花鳥蟲魚等分類，對漢字進行系統梳理。很多我們今天日用的漢字，從最初的意義一步步轉化引申出後來和當代的意義。如『葛』字，本是一種野生草，『葛與瓜并爲引蔓纏繞之草。故引申謂事之煩繞者曰糾葛。屬之綿遠者曰瓜葛』。如『針』字，古人以砭石爲針，『引申之匡人之失曰針砭』。如『維』字，本是指車蓋之絲，系物之繩，『引申爲維系之維。又申之禮義廉恥謂之四維』。如『粲』字，本義指最白的米，『引申爲好之稱。如粲齒粲者是也』。如果讀者能够對這些漢字原初的意義、引申的意義進行分類，既有趣味，又是對我們思維的訓練。前人讀者多有此類讀法，比如張舜徽先生說他兒時跟父親讀蒙學書，就用象形、形聲、轉注、會意等類別把《說文解字》中的漢字重新分類。

當然，《字課圖說》時代的編者已經有科學精神和現代意識，這使得對不少字的介紹在傳統的基礎上融入了『現代性』。比如開篇讓不少人驚艷的『天』字：『腆平聲。至高無上曰天。天地。青天。』『他前切。天積氣也。氣包乎地。近地者氣濃。離地愈遠則愈薄。以風雨表測之。高千尺。氣輕三十之一。高萬有六百尺。輕三之一。高萬八千尺。輕二之一。高至二百餘裏而氣盡。氣盡則空。故曰天空。』

但我們必須看到，這種融匯現代西學精神的努力，使得《字課圖說》對不少漢字的介紹多呈現其『工具理性』，偏離了傳統漢字明心見性的『價值理性』。作爲原生文明文字，漢字堪稱唯一活下來的『聖書』，它對世界的命名、認知，有着全息一體的特徵，每一個原生漢字都『伏藏』了足够的信息供後人挖掘，從先人到今天的我們都在參與對漢字富礦的挖掘。這一『聖書』因爲科學和現代意識而工具化，但我們當明白，『聖書』本身具足信息能量，足够我們置身其中，歌于斯，哭于斯，安頓于斯。比如『天』字在六書中是會意字，『顛也』，本義是人的頭頂上方的無邊蒼穹。甲骨文和金文中的『天』，是一個腦袋被着重畫出的小人，本義爲『頭』，後引申爲『天』（因爲兩者都是至高無上的）。這個本義遠比《字課圖說》中對天的介紹要豐富，要耐人尋味得多。先人對『天』字的挖掘極爲多樣，如老子說：『天長，地久。天地之所以能長且久者，

以其不自生也，故能長生。』如孔子說，『天何言哉？四時行焉，百物生焉。天何言哉！』《易經》中說：『天行健，君子以自强不息。』

因此，今天的讀者在讀《字課圖說》時，還有一個閱讀角度，就是聯想原典中的例證，這是一個動手動脚的角度，就是用中華原典來做書中字的例句。那些讓我們看來美好的漢字，它們在《詩經》《易經》《書經》《論語》《道德經》等書中是怎麼呈現的？比如『澄衷蒙學堂』幾個字，澄者，『《禮·禮運》：澄酒在下』。『《道德經》：孰能濁以澄？静之徐清；孰能安以久？動之徐生』。衷者，『《書·湯誥》：惟皇上帝，降衷于下民』。『《周語》：國之將興，其君齊明衷正，精潔惠和』。蒙者，『《易經》：蒙以養正，聖功也』。『《易經》：山下出泉，蒙。君子以果行育德』。學者，『《學記》：學然後知不足，知不足然後能自反也』。『《學記》：君子之于學也，藏焉，修焉，息焉，游焉，夫然故安其學而親其師，樂其友而信其道』。『《論語》：學而時習之，不亦說乎？』堂者，『《晏子春秋》：寡人將去此堂堂國者而死乎！』『《禮記》：吾見封之若堂者矣，見若坊者矣，見若覆夏屋者矣，見若斧者矣』……以我的經驗，這一讀法是相當有趣的。它不僅讓我們重温原典，温故知新，而且能讓我們游于藝，寓教于樂，蒙以養正；最終能讓我們志于道，據于德，依于仁。

五、仍在生成的傳統文化

在《字課圖說》以新的形式跟讀者見面之際，我把個人的一些看法寫下來跟讀者分享。不可否認，漢字熱、大語文熱是當代社會重要的文化現象。五六年前，由胡赳赳重新發現的《字課圖說》出版，參與、帶動了這一文化熱。自那時以來，《字課圖說》出現了衆多版本，受到讀者的歡迎。同樣不可否認的是，對《字課圖說》或傳統語文學習的隔膜，使得《字課圖說》對當代精神、心智和思維的加持尚未見出實效。有鑒于此，我們不揣簡陋，在《字課圖說》新版中增加了《中國字說》和《漢字百講》等内容，以給讀者提供漢字演變的常識和部分漢字的當代解釋；我們願意跟讀者分享有關《字課圖說》的閱讀方法和漢字的學習方法。

必須承認，一百多年來社會上出現了不少次傳統熱，但在道統象徵、民族文化的人格象徵等方面，恐怕衹有我們當代這一次是最爲匱乏的。幸運的是，前賢擔憂的文化根本問題、體用問題和文化演進中的問題在今天多不成爲問題，如于右任先生擔憂毛筆的書寫速度和效率低于硬筆的書寫，如馬一浮先生擔憂典籍不易獲得，如人們爭論的中西體用、傳統與現代體用，等等，在今天都成爲了僞問題。我們今天閱讀自家文化經典極爲方便，我們今天重拾琴棋書畫也不再覺得没有人生和社會的效率，傳統文化的一切都向我們敞開，衹是我們不知道自己跟傳統之間能否建構有機的聯系。

由于缺乏經典文化滋養的精神巨子們的示範，很多人把傳統文化當作客觀的、外在的、可懷疑或可資利用的；人們很少想到傳統文化是仍在生成的，在相當程度上也是歸宿、認同，是能够安身立命的。這也是我們再三要向讀者强調的一點，跟現代語文教育、包括《字課圖說》在内的學習教育不同，傳統的語文教育不僅僅是工具教育，更是一種價值教育。尤其是，傳統文化從來不是僵死的、書面上的，而是由歷史上一個一個的人在示範，在身體力行，在激活。

六、《字課圖說》的緣起和影響

《字課圖說》在百年來的教材中已經堪稱經

典，在數千年的中國語文讀本裏，它也正由時間加冕其經典品性。但是，我們閱讀《字課圖說》，不衹是學習一個一個的漢字，如前所說，我們還要知道無數原典中先哲的話語、故事、趣聞和道理。同樣重要的，我們還應該知道，《字課圖說》的編者劉樹屏先生等人，以及《字課圖說》的發起者、命名者葉澄衷先生，就是我們歷史上興廢繼絶、繼往開來的一代仁者、志者。

閱讀《字課圖說》的人對劉樹屏先生的名字不會陌生，是的，劉先生作爲《字課圖說》的主事者主持策劃，確定編寫體例，撰寫凡例。可以說，進士出身的劉樹屏先生雖爲科舉時代的大文化人，但他并不守舊，在編寫過程中，他要求參與編寫者盡力吸收西方教科書的形式，力圖做到通俗易懂，兼容并包。在《字課圖說》的編寫作者中，既有蔡元培、章梫等『宿學通儒』，又有沈頤、嚴保誠、夏清貽、姚明輝等年輕新秀。章梫先生總攬《字課圖說》的編纂事務，蔡元培先生負責全書定稿，書法家唐駝先生繕寫課本，吴子城先生專事繪圖。劉樹屏先生强調，『是書專爲小學堂訓蒙而作，故詞尚淺近，一切深文奥義不及焉』，對于難字難義，『不特艱于講解，且恐阻窒其性靈也』。

劉樹屏先生主編的《字課圖說》一經問世，就引起了轟動，當年重印多次。一年後的一九〇二年，除已經出版的十來個版次外，市場上還出現了很多翻印的版本。政府公告也稱贊說，『據澄衷學堂稟，竊維振興教育，首重國文學習，學習國文，必先認字。澄衷學堂編輯《字課圖說》一書，延聘通儒，精心考訂，選字注句斟酌，完善繕楷繪圖，皆出名手。』《字課圖說》在正式出版一年後，被認定爲學校的正式用書，成爲課本。據說，當時的醇親王曾到上海視察澄衷蒙學堂，醇親王翻看到此書，『稱善者久之』。

茅盾、黄裳、梁漱溟、胡適等現代文化名人在回憶自己的蒙學生活時，都提起過《字課圖說》，可見《字課圖說》對一個時代的影響。令人傷感的是，《字課圖說》乃至澄衷蒙學堂的『開花結實』并不爲其創始者葉澄衷先生所知。但對葉澄衷先生來說，他并不遺憾，因爲他發願興學，《字課圖說》等等衹是其應有之義。

七、『做人當如葉澄衷』

葉澄衷先生是近代著名的寧波商團的先驅和領袖。他爲人處事既誠且信，寬厚待人，被稱爲『首善之人』。葉澄衷先生原名葉成忠，出身貧寒，爲人誠信寬厚，十幾歲做小販打工時，他撿到洋人的裝着生意單據、錢鈔的公文包，在原地等待，最後將公文包還給了那個洋人。在《清史稿·孝義傳》中，重重地爲葉澄衷記下一筆：『西人有遺革囊路側者，成忠守伺而還之，酬以金不受，乃爲之延譽，多購其物，因漸有積蓄。』

葉澄衷先生是與胡雪岩齊名的富商，雖然今人多知胡雪岩而少知葉澄衷。跟其他富商有所不同的是，葉澄衷發家致富後仍熱心于社會公益，他在家鄉設立了樹德堂、忠孝堂、牛痘局、救火會等，撫恤孤寡，急人所急，深得人望。當時寧波地方就有順口溜說，『依澄衷，不憂窮』。在寧波商幫中，一直流傳着這樣一句話：『做人當如葉澄衷。』

葉澄衷先生雖然少時失學，但他清楚學習的重要性，他曾經感嘆：『中國之積弱，由于積貧，積貧由于無知，無知由于不學，興天下之利莫大于興學。』臨終前，即一八九九年，葉先生在上海捐置土地三十餘畝，并以十萬兩銀興建澄衷蒙學堂。是年十月快要落成時，葉先生病故，遺命對學校事須有久遠規劃，其子又捐款十多萬兩繼辦。葉先生挑選任命的劉樹屏先生相當出色地實現了他的心願，劉樹屏先生

訂立了《澄衷蒙學堂章程》，確立了澄衷蒙學堂的規章制度，强調學堂『以開發性靈爲第一義』，『即或秉質不齊，亦宜循循善誘，不必過事束縛，以窒性靈』。

葉澄衷先生没有看到澄衷蒙學堂的落成，劉樹屏先生撰寫了《澄衷蒙學堂落成記》，詳述學堂興建的緣起與規模，鼓勵大家『相與淬厲奮發，以無負乎君之所期』。此記由清末狀元張謇先生書寫，刻碑于學堂。劉先生還承葉澄衷生前旨意爲其代擬了一副對聯：『昔以孤幼旅寓申江，自傷老大無成，有類夜行須炳燭；今爲童蒙特開講舍，所望髫年志學，一般努力惜分陰。』刻于學堂內，以此彰顯葉澄衷先生辦學的用心。

劉樹屏是澄衷蒙學堂的首任校長，可以説他出色地完成了葉澄衷先生的心願。在他之後，蔡元培先生長校，我們由此可知，蔡元培後來任北京大學校長的思想行爲并非空穴來風，而是其來有自，劉樹屏先生等人已經爲其導夫先路。澄衷蒙學堂先後有黄培炎、陶行知、陳鶴琴、章太炎、李公樸、馬寅初、林語堂、夏丏尊等中國現代史上著名的仁人志士來學校任教。有人統計過，澄衷學校前後培養過四萬名學生，其中有豐子愷、錢君匋、陳虞孫、胡適、竺可楨、袁牧之等一大批大師級人物。可見，清末民初中國現代大學起點即高標的成績并非横空出世的奇迹，而是有蒙學堂等中小學教育打下了基礎。

我們今天讀《字課圖説》，當知葉澄衷先生、劉樹屏先生、蔡元培先生等先賢的用心，當知《字課圖説》跟一個一個的歷史人物相關，《字課圖説》參與了歷史。是的，人能弘道，非道弘人。我們今天的閱讀或研習，則在創造生成新的歷史。

澄衷蒙學堂字課圖說目錄

凡例
檢字 附檢附字
類字
圖說卷一
圖說卷二
圖說卷三
圖說卷四

圖說卷四
圖說卷三
圖說卷二
圖說卷一
韻字
檢字附檢字
凡例
[illegible]圖說目錄

澄衷蒙學堂字課圖說凡例

一宗旨。是書專為小學堂訓蒙而作。故詞尚淺近。一切深文與義不及焉。

一選字。共選三千餘字。皆世俗所通行。及書牘所習見者。惟第二卷鋅錳鉑鉀之屬。稍乖此例。以其為原質定名。屢見譯本化學書。不能省也。其他生僻字。概從割愛。其字有數體。則以最常用之體為正。而附見其餘。

一次字。略以名動靜狀及虛字為次。而於一類之中。又以事類之。如天文地理人事物性之屬是也。

一簡說。為十歲以下學生而設。先釋音。注音某。或注某字某聲。均依字典。次釋義。務以一語剖晰之。次引證。舉其與他字聯綴者。字或有兩音三音。備載之。惟生僻者不載。

一詳說。為十一歲以上學生而設。先注切音。次釋本義。凡篆文與字義相關者著之。次釋引申義。段借義。凡現行事例新理名詞。皆隨字附釋。要以有用為主。其經詁雅訓古書偶見者。不及備載。

一繪圖。凡名字動字之非圖不顯者。均附以圖。或摹我國舊圖。或據譯本西圖。求是而已。

一檢字。以畫數為次。而注某卷某頁以便檢。凡附于下者入檢附字。

一類字。如名代動靜狀介連助嘆九類。西人以此為聯句屬文之要規。實即中國虛實呆活四義所擴充也。近時談蒙學者多宗尚之。故特類於首冊。或一字有數類。則以其最要者為正。並附錄其餘。而闕其不習用者。然欲執童子而語此。除名動靜類外。不特艱於講解。且恐阻窒其性靈也。惟為之師者。則不可不知。

一分級。字義分詳簡二類。而識字之序。則分淺深二級。先淺後深。淺者定為初級。計選一千數百字。特於檢字中加圈。以為識別。深者定為次級。概不加圈。

一講授初級。齋中懸一黑板。教習取初級之字。書於板上。令學童備格本一分。一一依筆畫先後倣錄。次書四聲於字旁。次書字音。次書字義。其格本即名為理字本。學童錄畢。教習逐一與之講說。以諸童心境融徹。口說瞭然為度。

一還講。教習次日拭去黑板上字。將學童理字本取置面前。令其坐本位默講。先講音讀。後講字義。以口說無訛而能觸發者為上。若有錯誤。令檢理字本覆閱更正。再求熟習無訛。然後授以他字。功課畢時。隨取前數日或前數月已習之字。令其還講。俾免遺忘。

一講授二級。初級千數百字。日授數字。約須一年之功。學童既已能寫能解。心地開明。乃將二級之字。酌量淺深。分別指授。自必易於領悟矣。

光緒二十有七年冬十月陽湖劉樹屏

澄衷蒙學堂字課圖說檢字

一畫

乙 一卷十三
一 三卷一

二畫

亍 一卷十三
刀 二卷十九
乂 二卷三十七
刁 二卷四十五
卜 二卷五十五
力 二卷六十二
二 三卷一
七 三卷二
八 三卷二
九 三卷二
十 三卷二
几 三卷二十二
入 四卷四十二
了 四卷六十
人 四卷七十五
又 四卷八十一
乃 四卷八十三

三畫

久 一卷十一
夕 一卷十二
己 一卷十三
子 一卷十四
巳 一卷十四
上 一卷十五
下 一卷十五
大 一卷十八
川 一卷二十六
土 一卷三十六
山 一卷五十一
刃 二卷二十
弓 二卷二十一
丸 二卷二十二
女 二卷二十九
士 二卷三十五
工 二卷三十五
才 二卷三十七
于 二卷四十三
弋 二卷五十四
口 二卷七十五
亡 二卷八十四
尸 二卷八十四
三 三卷二
千 三卷二
廿 三卷四
寸 三卷四
丈 三卷四
巾 三卷十五
勺 三卷三十二
叉 三卷四十一
乞 四卷五十三
小 四卷六十二
凡 四卷七十七
也 四卷八十六
已 四卷八十六

四畫

夭 一卷一
日 一卷一
月 一卷一
斗 一卷三
今 一卷十一
支 一卷十三
壬 一卷十三
丑 一卷十四
午 一卷十四
中 一卷十五
內 一卷十五
比 一卷四十
丹 一卷四十一
巴 一卷四十二
井 一卷四十五
水 一卷五十四
戶 一卷六十九
文 二卷十二
爻 二卷十三
戈 二卷二十
氏 二卷二十四
孔 二卷二十六
王 二卷二十八
父 二卷二十九
夫 二卷三十
友 二卷三十三
仁 二卷三十八
介 二卷四十
仇 二卷四十三
凶 二卷四十五
天 二卷四十六
公 二卷四十七
尹 二卷四十八
元 二卷四十九
化 二卷五十七
卝 二卷五十七
幻 二卷六十八
方 二卷七十
分 二卷七十一
毛 二卷七十三
牙 二卷七十六
心 二卷七十七
手 二卷七十九
爪 二卷八十一
弔 二卷八十五
少 三卷一
五 三卷二
六 三卷二
什 三卷三
卌 三卷四
尺 三卷四
升 三卷四
斤 三卷五
匹 三卷六
片 三卷六
火 三卷五十二
木 三卷六十九
牛 三卷八十八
犬 三卷八十八
丰 四卷二
云 四卷二十二
曰 四卷二十二
允 四卷二十九
引 四卷三十八
止 四卷五十八
欠 四卷五十九
切 四卷六十
亢 四卷六十一
太 四卷六十四
匀 四卷六十八
互 四卷七十二
反 四卷七十二
仄 四卷七十三
予 四卷七十五
以 四卷七十八
毋 四卷七十八
及 四卷七十九
尤 四卷八十

仍 四卷八十二
不 四卷八十四
匆 四卷八十四
之 四卷八十六
兮 四卷八十六

五畫

世 一卷九
代 一卷九
冬 一卷十
乍 一卷十一
旦 一卷十二
甲 一卷十三
丙 一卷十三
戊 一卷十三
卯 一卷十四
未 一卷十四
申 一卷十四
左 一卷十五
右 一卷十五
央 一卷十五
正 一卷十五
外 一卷十五
北 一卷十六
甘 一卷二十五
古 一卷三十
市 一卷四十五
田 一卷四十六
氏 一卷五十
穴 一卷五十二
石 一卷五十三
卡 一卷六十三
令 二卷二
示 二卷二
犯 二卷九
囚 二卷十
史 二卷十三
册 二卷十四
功 二卷十七
矛 二卷二十
矢 二卷二十一
冉 二卷二十六
母 二卷二十九
兄 二卷三十
民 二卷三十五
奴 二卷三十六
仕 二卷四十七
司 二卷四十八
占 二卷五十五
弗 二卷五十七
回 二卷六十七
凹 二卷六十八
凸 二卷六十八
平 二卷七十
句 二卷七十
加 二卷七十一
皮 二卷七十三
目 二卷七十五
汁 二卷八十八
禾 二卷九十二
仙 二卷九十七
尼 二卷九十八
半 三卷一
四 三卷二
白 三卷八
玄 三卷九
弁 三卷十一
布 三卷十六
玉 三卷十九
皿 三卷三十二
瓦 三卷三十三
刊 三卷四十二
包 三卷四十八
朮 三卷六十三
瓜 三卷六十八
本 三卷六十九
未 三卷六十九
生 四卷一
孕 四卷一
召 四卷二十四
叫 四卷二十七
叱 四卷二十八
斥 四卷二十八
打 四卷三十六
立 四卷四十一
出 四卷四十二
去 四卷四十三
仗 四卷五十三
付 四卷五十四
用 四卷五十五
失 四卷五十八
乏 四卷五十九
巨 四卷六十一
永 四卷六十四
充 四卷六十九
巧 四卷七十四
台 四卷七十五
主 四卷七十六
且 四卷七十七
叨 四卷八十二
可 四卷八十二
必 四卷八十四
由 四卷八十五
只 四卷八十六
乎 四卷八十六

六畫

旭 一卷八
年 一卷九
伏 一卷九
旬 一卷十一
旱 一卷十一
夙 一卷十二
戌 一卷十四
亥 一卷十四
宇 一卷十六
西 一卷十六
地 一卷十七
吉 一卷二十九
安 一卷三十四
印 一卷三十四
合 一卷四十一
州 一卷四十三
夷 一卷五十
戎 一卷五十
江 一卷五十四
汎 一卷五十七
汐 一卷五十八
池 一卷五十九
冰 一卷五十九
宅 一卷六十三
寺 一卷六十五
圭 二卷四
刑 二卷九
字 二卷十二
伐 二卷十八
守 二卷十八
戍 二卷十八
后 二卷二十八
妃 二卷二十八
臣 二卷二十八
考 二卷二十九
老 二卷三十三

○好 二卷三十七　劣 二卷四十一　○安 二卷四十二　汙 二卷四十四　奸 二卷四十五　丞 二卷四十八

吏 二卷四十九　扣 二卷五十二　○匠 二卷五十六　○灰 二卷六十　○向 二卷六十四　○光 二卷六十七

○全 二卷七十一　肌 二卷七十二　○肉 二卷七十二　○血 二卷七十三　○耳 二卷七十五　○舌 二卷七十六

○汗 二卷八十二　○死 二卷八十三　○米 二卷九十三　年 二卷九十三　○多 三卷一　○再 三卷一

○百 三卷二　兆 三卷三　○伍 三卷三　○次 三卷六　○件 三卷七　式 三卷七

○邑 三卷八　○朱 三卷八　○旨 三卷十　○衣 三卷十一　臼 三卷三十　缶 三卷三十三

○舟 三卷三十六　帆 三卷三十八　来 三卷四十一　朽 三卷四十三　汎 三卷四十九　朵 三卷五十八

卉 三卷五十九　艾 三卷六十二　○竹 三卷七十五　○羽 三卷八十二　○羊 三卷八十八　牝 三卷八十九

○在 四卷六　○仰 四卷七　休 四卷八　任 四卷八　列 四卷八　○忙 四卷十八

夸 四卷二十五　吁 四卷二十八　○吐 四卷三十一　吃 四卷三十一　○收 四卷三十三　企 四卷四十一

○至 四卷四十三　艮 四卷四十四　○行 四卷四十四　○先 四卷四十八　仿 四卷四十九　○存 四卷五十

匡 四卷五十　○同 四卷五十六　○共 四卷五十六　○成 四卷五十七　○尖 四卷六十六　○曲 四卷六十七

○交 四卷七十二　○自 四卷七十五　○汝 四卷七十五　伊 四卷七十六　○此 四卷七十六　○名 四卷七十六

○仲 四卷七十六　聿 四卷七十七　○亦 四卷七十七　○有 四卷七十八　○各 四卷八十　○因 四卷八十三

○而 四卷八十三　○如 四卷八十三　似 四卷八十三

七畫

孛 一卷三　○旱 一卷七　○泠 一卷八　○辛 一卷十三　○辰 一卷十四　○酉 一卷十四

○低 一卷十六　○吳 一卷二十　沅 一卷二十三　汧 一卷二十三　汾 一卷二十四　希 一卷三十六

那 一卷四十一　邦 一卷四十三　邑 一卷四十三　○里 一卷四十四　○邨 一卷四十五　迂 一卷四十九

○沙 一卷四十九　狄 一卷五十　坎 一卷五十四　阬 一卷五十四　谷 一卷五十五　汶 一卷五十七

沂 一卷五十七　廷 一卷六十　序 一卷六十一　○局 一卷六十三　防 一卷六十五　址 一卷七十一

庇 一卷七十一　○豆 二卷五　呂 二卷六　究 二卷十　判 二卷十　牢 二卷十

○兵 二卷十七　克 二卷十八　攻 二卷十八　宋 二卷二十五　姒 二卷二十六　阮 二卷二十七

○君 二卷二十八　系 二卷二十九　○男 二卷二十九　妣 二卷二十九　○伯 二卷二十九　○弟 二卷三十

皁 二卷三十六　良 二卷三十七　○孝 二卷三十八　孚 二卷三十九　忤 二卷四十三　妒 二卷四十三

狂 二卷四 十四　吝 二卷四 十四　○邪 二卷四 十四　忍 二卷四 十五　劫 二卷四 十六　妖 二卷四 十六
○位 二卷四 十七　○役 二卷五 十　兑 二卷五 十一　批 二卷五 十二　○利 二卷五 十三　技 二卷五 十四
巫 二卷五 十五　伶 二卷五 十六　妓 二卷五 十六　助 二卷六 十三　吸 二卷六 十五　杆 二卷六 十五
○車 二卷六 十六　折 二卷六 十七　形 二卷六 十九　○角 二卷七 十二　○身 二卷七 十二　○肝 二卷七 十八
肘 二卷八 十　○足 二卷八 十　○秀 二卷九 十二　○佛 二卷九 十七　○玖 三卷三　○赤 三卷八
貝 三卷二 十一　匣 三卷二 十六　○杖 三卷三 十六　治 三卷四 十二　删 三卷四 十二　束 三卷四 十四
汲 三卷四 十六　○沈 三卷五 十一　沒 三卷五 十一　災 三卷五 十二　芍 三卷五 十九　杜 三卷六 十三
○杏 三卷六 十五　○李 三卷六 十五　芋 三卷六 十八　杉 三卷七 十三　杞 三卷七 十四　卵 三卷八 十一
豸 三卷八 十七　豕 三卷八 十九　牡 三卷九 十　○尾 三卷九 十　○壯 四卷二　困 四卷二
禿 四卷三　沐 四卷四　妝 四卷四　○坐 四卷五　伸 四卷七　努 四卷八
○住 四卷九　伴 四卷九　○志 四卷十　○快 四卷十 一　○忘 四卷十 五　○忌 四卷十 五
○私 四卷十 六　○戒 四卷十 六　決 四卷十 七　○見 四卷十 九　○言 四卷二 十二　○告 四卷二 十三

吟 四卷二 十七　佞 四卷二 十九　否 四卷二 十九　○吹 四卷三 十　含 四卷三 十一　吞 四卷三 十一
○扶 四卷三 十二　把 四卷三 十四　夾 四卷三 十七　弄 四卷四 十　投 四卷四 十　○步 四卷四 十四
○走 四卷四 十四　作 四卷四 十八　攺 四卷四 十九　佐 四卷五 十　呈 四卷五 十二　求 四卷五 十二
佑 四卷五 十三　巡 四卷五 十三　伺 四卷五 十四　亨 四卷五 十七　妨 四卷五 十八　○免 四卷五 十九
串 四卷五 十九　別 四卷五 十九　○完 四卷六 十　肖 四卷六 十一　宏 四卷六 十五　汪 四卷六 十五
沖 四卷六 十六　妥 四卷六 十七　均 四卷六 十七　迅 四卷六 十八　延 四卷七 十一　妙 四卷七 十四
○我 四卷七 十五　吾 四卷七 十五　余 四卷七 十五　○你 四卷七 十五　佗 四卷七 十六　○甫 四卷七 十六
○但 四卷七 十八　抑 四卷七 十八　○每 四卷八 十　○更 四卷八 十　○何 四卷八 十五　攸 四卷八 十五
○矣 四卷八 十六

八畫

○雨 一卷三　明 一卷八　○季 一卷九　弦 一卷十　昔 一卷十 一　○夜 一卷十 二
○昏 一卷十 二　昃 一卷十 二　庚 一卷十 三　表 一卷十 六　宙 一卷十 六　○東 一卷十 六
○京 一卷十 八　○直 一卷十 九　奉 一卷十 九　○林 一卷二 十九　○亞 一卷三 十一　○非 一卷三 十二

波 一卷三十五
阿 一卷三十五
法 一卷三十八
坤 一卷四十三
府 一卷四十三
岸 一卷四十六
泥 一卷四十七
歧 一卷四十八
近 一卷四十九
羌 一卷五十
岡 一卷五十一
坡 一卷五十一
岱 一卷五十二
岷 一卷五十三
河 一卷五十四
邱 一卷五十五
阜 一卷五十五
泗 一卷五十六
沼 一卷五十九
泡 一卷五十九
泮 一卷六十二
舍 一卷六十二
社 一卷六十二
房 一卷六十四
店 一卷六十六
邸 一卷六十六
庖 一卷六十八
門 一卷六十九
居 一卷七十一
制 二卷一
治 二卷一
命 二卷二
帑 二卷三
祀 二卷三
享 二卷三
佾 二卷八
例 二卷九
典 二卷十二
易 二卷十三
卦 二卷十三
函 二卷十四
帖 二卷十四
卷 二卷十四
武 二卷十七
卒 二卷十七
征 二卷十八
斧 二卷二十
弩 二卷二十一
弧 二卷二十一
姓 二卷二十四
周 二卷二十四
孟 二卷二十六
宗 二卷二十八
叔 二卷二十九
姑 二卷三十
昆 二卷三十
妻 二卷三十一
妾 二卷三十一
姊 二卷三十一
妹 二卷三十一
拏 二卷三十二
朋 二卷三十三
孤 二卷三十三
兒 二卷三十四
泯 二卷三十五
佳 二卷三十七
忠 二卷三十八
固 二卷四十
昌 二卷四十一
拙 二卷四十一
咎 二卷四十二
枉 二卷四十二
狎 二卷四十三
侈 二卷四十四
乖 二卷四十五
戾 二卷四十五
刻 二卷四十五
爭 二卷四十六
毒 二卷四十六
官 二卷四十七
使 二卷四十八
沽 二卷五十一
押 二卷五十二
招 二卷五十二
券 二卷五十三
牧 二卷五十六
金 二卷五十八
阻 二卷六十三
抵 二卷六十三
抛 二卷六十四
和 二卷七十一
奇 二卷七十一
肺 二卷七十七
肢 二卷七十九
肩 二卷七十九
肱 二卷八十
股 二卷八十
乳 二卷八十一
油 二卷八十八
肴 二卷八十九
私 二卷九十三
秉 二卷九十五
怪 二卷九十八
兩 三卷五
忽 三卷五
青 三卷八
味 三卷十
采 三卷九
服 三卷十一
佩 三卷十五
帕 三卷十五
帛 三卷十六
玦 三卷十八
物 三卷二十二
牀 三卷二十三
炕 三卷二十三
枕 三卷二十三
杼 三卷二十七
帚 三卷二十八
杵 三卷二十九
盂 三卷三十二
板 三卷三十五
刺 三卷四十二
析 三卷四十三
沾 三卷四十七
沸 三卷四十九
沿 三卷五十
泊 三卷五十
注 三卷五十一
炙 三卷五十二
炊 三卷五十二
芥 三卷五十四
芹 三卷五十六
花 三卷五十七
芽 三卷五十七
芳 三卷五十八
芙 三卷五十九
芝 三卷六十二
芸 三卷六十二
果 三卷六十五
柹 三卷六十六
把 三卷六十六
枝 三卷六十九
枚 三卷六十九

杪 三卷七十　○松 三卷七十　枏 三卷七十三　○虎 三卷八十三　兕 三卷八十四　○狐 三卷八十六
○兔 三卷八十六　○狗 三卷八十九　育 四卷一　肥 四卷二　佯 四卷四　依 四卷五
卧 四卷五　○定 四卷六　屈 四卷七　○念 四卷十　○性 四卷十　怡 四卷十
欣 四卷十一　○幸 四卷十一　○肯 四卷十一　○怕 四卷十三　怯 四卷十三　忿 四卷十四
○知 四卷十七　盲 四卷二十一　泣 四卷二十一　呼 四卷二十四　呪 四卷二十八　承 四卷三十三
○受 四卷三十三　○取 四卷三十三　拘 四卷三十五　拒 四卷三十五　拍 四卷三十六　拖 四卷三十七
拂 四卷三十八　抽 四卷三十八　拓 四卷三十九　拔 四卷三十九　玩 四卷四十　披 四卷四十
○放 四卷四十　並 四卷四十一　垂 四卷四十一　○往 四卷四十二　○來 四卷四十三　返 四卷四十三
○到 四卷四十三　○迎 四卷四十三　迭 四卷四十四　侍 四卷四十六　○事 四卷四十八　○宜 四卷四十八
○初 四卷四十八　○始 四卷四十九　具 四卷五十　委 四卷五十四　卸 四卷五十四　○供 四卷五十五
○附 四卷五十六　協 四卷五十七　○狀 四卷六十一　宛 四卷六十一　○長 四卷六十一　侔 四卷六十一
○卑 四卷六十一　杳 四卷六十二　卓 四卷六十三　坦 四卷六十八　○空 四卷七十　○底 四卷七十四
○彼 四卷七十五　○於 四卷七十七　○所 四卷七十八　○并 四卷七十九　○尚 四卷八十一　○況 四卷八十一
忝 四卷八十二　○的 四卷八十二　○或 四卷八十四　冏 四卷八十四　○其 四卷八十五　屆 四卷八十五

九畫

○星 一卷二　○風 一卷五　虹 一卷六　昭 一卷七　○春 一卷十　○秋 一卷十
○昨 一卷十一　○癸 一卷十三　○前 一卷十五　○後 一卷十五　○南 一卷十六　建 一卷二十二
兗 一卷二十四　○省 一卷二十九　○美 一卷三十二　○俄 一卷三十六　○英 一卷三十七　○洲 一卷四十四
○城 一卷四十四　○巷 一卷四十五　郊 一卷四十六　○津 一卷四十七　○界 一卷五十　○限 一卷五十
洞 一卷五十二　恆 一卷五十二　○洋 一卷五十四　洛 一卷五十六　○泉 一卷五十七　派 一卷五十七
庠 一卷六十一　栅 一卷六十三　○屋 一卷六十三　○室 一卷六十四　○亭 一卷六十五　苑 一卷六十七
囿 一卷六十七　○柱 一卷七十　垣 一卷七十　砌 一卷七十　政 二卷一　紀 二卷一
○奏 二卷二　組 二卷五　竽 二卷八　宥 二卷九　枷 二卷十一　○契 二卷十四
東 二卷十四　○勇 二卷十七　○軍 二卷十七　帥 二卷十七　侵 二卷十八　胄 二卷二十二
盾 二卷二十二　狩 二卷二十三　禹 二卷二十五　姬 二卷二十六　姜 二卷二十六　范 二卷二十六

○胡 二卷二十七
俞 二卷二十七
紂 二卷二十七
○皇 二卷二十八
○帝 二卷二十八
○姨 二卷三十一

○姪 二卷三十一
○姻 二卷三十二
変 二卷三十四
○孩 二卷三十四
酋 二卷三十五
彥 二卷三十五

俠 二卷三十五
○俗 二卷三十六
貞 二卷三十八
○信 二卷三十九
陋 二卷四十一
祉 二卷四十一

昧 二卷四十二
負 二卷四十三
侮 二卷四十三
狡 二卷四十四
垢 二卷四十四
虐 二卷四十五

宦 二卷四十七
○品 二卷四十七
○封 二卷五十
胥 二卷五十
弈 二卷五十四
珀 二卷五十八

○炭 二卷六十
玻 二卷六十二
○重 二卷六十五
○音 二卷六十八
○律 二卷六十八
○面 二卷六十九

○首 二卷七十四
○眉 二卷七十五
○背 二卷七十七
胃 二卷七十八
○胞 二卷七十九
○胎 二卷七十九

○指 二卷七十九
疫 二卷八十三
柩 二卷八十四
訃 二卷八十五
徇 二卷八十六
俑 二卷八十六

○食 二卷八十七
○苗 二卷九十二
秔 二卷九十三
祇 二卷九十七
○柒 三卷三
○拾 三卷三

○度 三卷四
秒 三卷五
段 三卷六
盈 三卷七
○紅 三卷八
○苦 三卷十

○染 三卷九
○冠 三卷十一
衫 三卷十二
珍 三卷二十
珊 三卷二十
玷 三卷二十一

○香 三卷二十四
柝 三卷二十九
架 三卷三十
○盂 三卷三十一
○盆 三卷三十二
缸 三卷三十四

○革 三卷三十四
○柄 三卷三十五
柁 三卷三十七
軌 三卷三十九
竿 三卷四十一
○削 三卷四十二

○穿 三卷四十三
○洗 三卷四十七
洒 三卷四十七
炷 三卷五十三
○韭 三卷五十四
茄 三卷五十五

苞 三卷五十八
茂 三卷五十九
苔 三卷六十
苓 三卷六十三
○茅 三卷六十四
柑 三卷六十七

柢 三卷六十九
柯 三卷六十九
○柴 三卷七十
枯 三卷七十
○柏 三卷七十
○柳 三卷七十四

○飛 三卷八十二
牲 三卷八十三
○科 三卷百零二
○活 四卷一
姿 四卷一
姸 四卷一

威 四卷三
昂 四卷四
○思 四卷十
哀 四卷十一
○怨 四卷十二
○恨 四卷十二

畏 四卷十三
○怒 四卷十四
怠 四卷十四
○急 四卷十五
耐 四卷十六
恃 四卷十七

矜 四卷十八
恤 四卷十八
○看 四卷十九
盼 四卷二十
○相 四卷二十
○亮 四卷二十一

眇 四卷二十一
○計 四卷二十三
宣 四卷二十三
哂 四卷二十六
咨 四卷二十八
述 四卷三十

咽 四卷三十一
○拜 四卷三十二
拱 四卷三十二
持 四卷三十四
按 四卷三十七
挑 四卷三十八

○降 四卷四十二
奔 四卷四十五
施 四卷五十
○約 四卷五十一
致 四卷五十一
○保 四卷五十一

祈 四卷五十二
俟 四卷五十四
促 四卷五十四
衍 四卷五十六
咸 四卷五十六
迭 四卷五十六

嘻 二卷八十五
埋 二卷八十六
冥 二卷八十六
○宸 二卷八十六
冢 二卷八十六
○酒 二卷八十八
酌 二卷八十九
○耕 二卷九十一
耘 二卷九十一
○栽 二卷九十一
○秧 二卷九十二
秫 二卷九十四
○粉 二卷九十五
○荒 二卷九十五
○紡 二卷九十六
○神 二卷九十七
○真 二卷九十七
○鬼 二卷九十八
祟 二卷九十八
○隻 三卷一
○捌 三卷三
般 三卷六
○套 三卷七
○格 三卷七
○臭 三卷十
○素 三卷九
紋 三卷九
衮 三卷十二
衲 三卷十三
衽 三卷十三
袂 三卷十三
屐 三卷十四
衾 三卷十四
悅 三卷十五
○紗 三卷十六
笄 三卷十八
○珠 三卷十九
○財 三卷二十一
○案 三卷二十二
○桌 三卷二十二
○席 三卷二十三
○扇 三卷二十五
索 三卷二十八
釘 三卷三十五
○矩 三卷三十六
舫 三卷三十六
航 三卷三十七
○剝 三卷四十三
剖 三卷四十三
○破 三卷四十三
屑 三卷四十七
○流 三卷四十九
○浮 三卷四十九
○消 三卷五十
浸 三卷五十一
烝 三卷五十二
烘 三卷五十二
烈 三卷五十三
茹 三卷五十六
○茶 三卷五十六
茗 三卷五十六
○草 三卷五十九
荊 三卷六十四
芻 三卷六十四
核 三卷六十五
○桃 三卷六十五
荔 三卷六十六
○根 三卷六十九
株 三卷六十九
○桐 三卷七十一
栗 三卷七十一
○桑 三卷七十五
○烏 三卷八十三
羖 三卷八十二
○豹 三卷八十三
○畜 三卷八十四
豺 三卷八十六
○狼 三卷八十六
○馬 三卷八十七
羔 三卷八十八
蚌 三卷八十九
蚣 三卷百零一
蚓 三卷百零一
蚨 三卷百零三
容 四卷一
弱 四卷二
疲 四卷三
○修 四卷三
○浴 四卷四
倚 四卷五
栖 四卷五
○倒 四卷七
○息 四卷七
○留 四卷九
衷 四卷十
悅 四卷十
恐 四卷十三
悚 四卷十三
辱 四卷十四
○恥 四卷十四
恣 四卷十四
虔 四卷十六
○料 四卷十七
悟 四卷十七
○悔 四卷十八
恕 四卷十八
眠 四卷二十一
○涕 四卷二十一
訊 四卷二十四
訐 四卷二十六
○笑 四卷二十六
○哭 四卷二十七
○記 四卷三十
欬 四卷三十一
挾 四卷三十三
挈 四卷三十四
挐 四卷三十五
捉 四卷三十五
捏 四卷三十七
展 四卷三十九
站 四卷四十一
○起 四卷四十一
陟 四卷四十二
○退 四卷四十二
○逆 四卷四十四
○送 四卷四十四
○逃 四卷四十四
○追 四卷四十五
迹 四卷四十七
○迷 四卷四十七
涉 四卷四十六
振 四卷四十八
效 四卷四十九
納 四卷五十一
○恩 四卷五十三
○捐 四卷五十六
兼 四卷五十六
娛 四卷五十七
訖 四卷六十
○狹 四卷六十三
挺 四卷六十三
峻 四卷六十五
浩 四卷六十五
○缺 四卷六十七

紛 四卷六十八　紘 四卷六十八　徐 四卷六十八　○益 四卷七十　悍 四卷七十三　凋 四卷七十三
朕 四卷七十五　○豈 四卷七十七　特 四卷七十八　○徒 四卷七十八　殊 四卷八十三　盍 四卷八十五
奚 四卷八十五

十一畫

彗 一卷三　○宿 一卷三　○雪 一卷四　乾 一卷七　朗 一卷七　○陰 一卷八
○涼 一卷八　晦 一卷十　○晚 一卷十一　○候 一卷十一　頃 一卷十一　晨 一卷十二
○晝 一卷十二　○寅 一卷十四　○側 一卷十五　○球 一卷十七　○圈 一卷十七　○帶 一卷十七
○清 一卷十八　章 一卷二十一　梁 一卷二十八　○荷 一卷四十　域 一卷四十三　○國 一卷四十三
區 一卷四十四　郭 一卷四十四　○野 一卷四十六　郵 一卷四十七　○堆 一卷四十八　○通 一卷四十九
涯 一卷五十四　陵 一卷五十五　淮 一卷五十六　淇 一卷五十六　淞 一卷五十七　淵 一卷五十八
○堂 一卷六十四　屛 一卷六十八　梯 一卷六十九　○基 一卷七十一　閉 一卷七十一　巢 一卷七十一
○教 二卷一　○統 二卷一　○祭 二卷三　笛 二卷七　笳 二卷七　笙 二卷八
○理 二卷九　○赦 二卷九　控 二卷九　○訟 二卷十　械 二卷十　梏 二卷十一
笞 二卷十一　○殺 二卷十一　○斬 二卷十一　捷 二卷十七　○救 二卷十八　寇 二卷十九
○敗 二卷十九　旌 二卷二十三　○商 二卷二十四　○陳 二卷二十四　陶 二卷二十六　○族 二卷二十八
○婆 二卷三十　○婦 二卷三十　眷 二卷三十二　○戚 二卷三十二　婢 二卷三十六　淑 二卷三十七
莊 二卷三十九　敵 二卷三十九　康 二卷四十　祥 二卷四十一　僞 二卷四十二　○假 二卷四十二
○貪 二卷四十四　淫 二卷四十四　○偷 二卷四十五　鄉 二卷四十七　○部 二卷四十八　曹 二卷四十八
尉 二卷四十八　○副 二卷四十九　○翎 二卷四十九　○頂 二卷四十九　○貧 二卷五十一　○販 二卷五十一
○售 二卷五十一　貫 二卷五十三　○票 二卷五十三　術 二卷五十四　御 二卷五十四　○釣 二卷五十五
○淡 二卷五十七　○動 二卷六十二　速 二卷六十三　○斜 二卷六十六　絃 二卷六十八　偶 二卷七十一
○眼 二卷七十五　眸 二卷七十五　○脣 二卷七十六　趾 二卷八十一　液 二卷八十二　痊 二卷八十三
崩 二卷八十四　脯 二卷八十九　脩 二卷八十九　鹵 二卷八十九　酖 二卷八十九　○飢 二卷九十
培 二卷九十一　○麥 二卷九十四　○粒 二卷九十五　舂 二卷九十五　○麻 二卷九十五　○參 三卷三
○陸 三卷三　○斛 三卷四　○毫 三卷五　○第 三卷七　○紫 三卷八　○甜 三卷十

冕 三卷十一
笠 三卷十一
○袍 三卷十二
○被 三卷十四
○紳 三卷十五
組 三卷十五

兜 三卷十八
釵 三卷十八
釧 三卷十八
琉 三卷二十
○貨 三卷二十一
○匾 三卷二十二

帷 三卷二十四
○帳 三卷二十四
○梳 三卷二十七
梭 三卷二十七
○桶 三卷二十八
符 三卷三十

盒 三卷三十一
匏 三卷三十三
○瓶 三卷三十三
瓷 三卷三十四
○規 三卷三十六
○船 三卷三十六

勒 三卷三十九
耜 三卷四十一
紹 三卷四十四
○掘 三卷四十六
○深 三卷四十九
○淺 三卷四十九

淤 三卷五十
涸 三卷五十
淹 三卷五十一
涵 三卷五十一
烹 三卷五十二
烽 三卷五十三

莧 三卷五十五
莖 三卷五十七
荻 三卷六十一
莠 三卷六十四
梗 三卷六十九
○條 三卷六十九

梧 三卷七十一
梓 三卷七十一
○桼 三卷七十二
○梅 三卷七十三
凰 三卷七十六
○雀 三卷七十六

○鳥 三卷七十六
梟 三卷七十七
○習 三卷八十二
○鹿 三卷八十五
豚 三卷八十九
○蛇 三卷九十二

○魚 三卷九十三
蛆 三卷百零二
蛀 三卷百零三
○產 四卷一
○健 四卷二
偉 四卷二

悴 四卷二
○晤 四卷六
偕 四卷六
○陪 四卷六
偃 四卷七
○處 四卷九

匿 四卷九
○接 四卷九
○從 四卷九
旋 四卷九
○情 四卷十
悼 四卷十二

患 四卷十二
悵 四卷十二
○羞 四卷十三
赧 四卷十四
○欲 四卷十五
○猜 四卷十五

惕 四卷十六
○惜 四卷十八
○專 四卷十八
○淚 四卷二十一
○問 四卷二十三
訪 四卷二十四

唯 四卷二十四
訥 四卷二十五
○唱 四卷二十七
訝 四卷二十八
唾 四卷二十八
訛 四卷二十九

○許 四卷二十九
訣 四卷三十
○敘 四卷三十
○啟 四卷三十
啄 四卷三十一
裒 四卷三十二

袒 四卷三十三
授 四卷三十三
執 四卷三十四
掠 四卷三十六
排 四卷三十七
○埽 四卷三十七

○牽 四卷三十八
○推 四卷三十九
○張 四卷三十九
掩 四卷四十
○探 四卷四十
覓 四卷四十

○移 四卷四十三
徙 四卷四十三
逝 四卷四十五
逐 四卷四十五
○逢 四卷四十五
○造 四卷四十六

陷 四卷四十七
道 四卷四十七
○務 四卷四十八
○終 四卷四十九
率 四卷四十九
措 四卷四十九

○娶 四卷五十一
○婚 四卷五十一
○寄 四卷五十四
○添 四卷五十六
○得 四卷五十八
○停 四卷五十八

畢 四卷六十
○細 四卷六十二
寂 四卷六十二
○密 四卷六十二
○略 四卷六十三
悠 四卷六十四

盛 四卷六十五
彬 四卷六十五
崇 四卷六十五
○淨 四卷六十六
○堅 四卷六十七
猝 四卷六十八

窒 四卷六十九
○爽 四卷六十九
痕 四卷七十
透 四卷七十一
○連 四卷七十一
○脫 四卷七十二

○偏 四卷七十三
猛 四卷七十三
淒 四卷七十三
庸 四卷七十四
○惟 四卷七十七
○莫 四卷七十九
○將 四卷七十九
悉 四卷八十
庶 四卷八十一
聊 四卷八十一
○竟 四卷八十三
○設 四卷八十三
○既 四卷八十五
孰 四卷八十五
○常 四卷八十五
○焉 四卷八十六

十二畫

○雲 一卷四
○晴 一卷七
○景 一卷七
晷 一卷八
○陽 一卷八
○溫 一卷八
○歲 一卷九
○閏 一卷九
○寒 一卷九
○期 一卷十二
○都 一卷十八
○順 一卷十九
皖 一卷二十一
越 一卷二十一
鄂 一卷二十二
湘 一卷二十三
○貴 一卷二十八
○黑 一卷二十九
○衆 一卷四十一
○街 一卷四十五
○渡 一卷四十六
渠 一卷四十六
○場 一卷四十七
隅 一卷四十八
隄 一卷五十八
嵐 一卷五十一
○華 一卷五十二
○港 一卷五十三
○湖 一卷五十六
渭 一卷五十六
渚 一卷五十八
○朝 一卷六十
○階 一卷六十
廂 一卷六十四
○棧 一卷六十六
○寓 一卷六十六
廁 一卷六十七
○窗 一卷六十九
棟 一卷六十九
○間 一卷七十一
○開 一卷七十一
閑 一卷七十一
○程 二卷一
詔 二卷一
○稅 二卷二
○賀 二卷三
○琴 二卷六
琶 二卷七
絞 二卷十一
策 二卷十三
○集 二卷十四
○筆 二卷十六
○硯 二卷十六
話 二卷十六
○註 二卷十六
隊 二卷十七
○勝 二卷十七
○圍 二卷十八
戟 二卷二十
隋 二卷二十四
堯 二卷二十五
舜 二卷二十五
○湯 二卷二十五
閔 二卷二十六
軻 二卷二十六
馮 二卷二十七
彭 二卷二十七
曾 二卷二十八
○嫂 二卷三十一
○甥 二卷三十一
○壻 二卷三十一
○疏 二卷三十二
傅 二卷三十三
○童 二卷三十四
傑 二卷三十五
○媒 二卷三十五
○善 二卷三十七
敦 二卷三十八
○惡 二卷四十一
○詐 二卷四十二
○欺 二卷四十三
奢 二卷四十四
殘 二卷四十五
○盜 二卷四十六
貶 二卷五十
○富 二卷五十一
○買 二卷五十一
貿 二卷五十一
貸 二卷五十二
博 二卷五十二
○換 二卷五十三
○款 二卷五十三
○畫 二卷五十四
屠 二卷五十六
○喜 二卷五十七
○强 二卷五十七
硫 二卷六十
硝 二卷六十一
晶 二卷六十二
○結 二卷六十五
軸 二卷六十五
○等 二卷七十一
○減 二卷七十一
項 二卷七十四
○筋 二卷七十四
○腎 二卷七十八
○脾 二卷七十八
○掌 二卷八十
腕 二卷八十一
腑 二卷八十一
○須 二卷八十二
○痛 二卷八十三
痢 二卷八十三
○喪 二卷八十四
○棺 二卷八十四
奠 二卷八十五
○粥 二卷八十七
飧 二卷八十七
酣 二卷八十九
植 二卷九十一
犂 二卷九十二
黍 二卷九十三
粟 二卷九十四
菽 二卷九十四
喇 二卷九十八
○單 三卷一

壹 三卷三
貳 三卷三
量 三卷四
鈞 三卷六
粲 三卷六
番 三卷七
黃 三卷八
絇 三卷十
斑 三卷九
絳 三卷九
帽 三卷十一
袷 三卷十二
幅 三卷十三
絹 三卷十四
鈕 三卷十六
絨 三卷十七
絮 三卷十七
棉 三卷十七
鈔 三卷二十一
椅 三卷二十二
幄 三卷二十四
毯 三卷二十四
棋 三卷二十五
筐 三卷二十七
筒 三卷三十八
椀 三卷三十一
壺 三卷三十一
牌 三卷三十五
椎 三卷三十五
棍 三卷三十六
榻 三卷三十七
軺 三卷三十八
敞 三卷四十三
絕 三卷四十三
絡 三卷四十四
描 三卷四十五
嵌 三卷四十五
琢 三卷四十五
測 三卷四十六
酢 三卷四十七
湧 三卷四十九
游 三卷五十
渾 三卷五十一
焚 三卷五十二
焦 三卷五十三
菜 三卷五十四
筍 三卷五十六
莽 三卷五十九
菲 三卷六十
萋 三卷六十一
萍 三卷六十
棃 三卷六十五
萄 三卷六十六
棗 三卷六十七
棘 三卷六十七
菀 三卷七十
椒 三卷七十三
棠 三卷七十四
棣 三卷七十四
雁 三卷七十七
雉 三卷八十
雄 三卷八十二
翔 三卷八十二
象 三卷八十四
犀 三卷八十四
猨 三卷八十四
猩 三卷八十六
貂 三卷八十六
彘 三卷八十九
馭 三卷九十一
蛟 三卷九十二
蛤 三卷九十七
蛛 三卷百零二
婉 四卷一
舒 四卷四
傍 四卷六
逸 四卷六
甯 四卷六
寐 四卷六
替 四卷八
就 四卷九
惬 四卷十一
悲 四卷十二
悶 四卷十二
惻 四卷十二
愠 四卷十四
惰 四卷十五
惑 四卷十五
欽 四卷十六
惱 四卷十九
視 四卷十九
詞 四卷二十二
評 四卷二十三
喻 四卷二十三
訴 四卷二十三
答 四卷二十四
喚 四卷二十四
喧 四卷二十四
報 四卷三十
詠 四卷三十
渴 四卷三十一
揖 四卷三十二
援 四卷三十二
握 四卷三十四
提 四卷三十四
搜 四卷三十五
揀 四卷三十六
揣 四卷三十六
揮 四卷三十七
插 四卷三十八
掣 四卷三十九
揚 四卷三十九
登 四卷四十二
進 四卷四十二
復 四卷四十三
趁 四卷四十五
超 四卷四十六
跌 四卷四十七
跛 四卷四十七
距 四卷四十七
爲 四卷四十八
創 四卷四十八
備 四卷五十
發 四卷五十
貽 四卷五十二
貺 四卷五十二
惠 四卷五十三
尋 四卷五十四
給 四卷五十五
費 四卷五十五
貼 四卷五十七
勞 四卷五十七
徧 四卷五十八
窘 四卷五十九
割 四卷五十九
短 四卷六十一
渺 四卷六十二
稀 四卷六十二
異 四卷六十三
普 四卷六十四
隆 四卷六十四
渥 四卷六十六
硬 四卷六十七
鈍 四卷六十七

○散 四卷六 十八
敞 四卷六 十九
○虛 四卷七 十
裂 四卷七 十一
循 四卷七 十二
森 四卷七 十四
○尊 四卷七 十六
詎 四卷七 十七
○無 四卷七 十八
建 四卷七 十九
稍 四卷七 十九
○最 四卷八 十
○猶 四卷八 十一
○幾 四卷八 十一
○敢 四卷八 十二
堪 四卷八 十二
○然 四卷八 十三
啻 四卷八 十三
厥 四卷八 十四
○斯 四卷八 十四

十三畫

○電 一卷五
雷 一卷五
雹 一卷六
暈 一卷六
○煙 一卷六
暉 一卷七
○照 一卷七
暗 一卷八
○煖 一卷八
○暑 一卷九
○裏 一卷十 六
○極 一卷十 七
○經 一卷十 七
○道 一卷十 七
楚 一卷二 十二
肅 一卷二 十五
○新 一卷二 十六
蜀 一卷二 十六
粵 一卷二 十七
滇 一卷二 十八
○愛 一卷三 十五
奧 一卷三 十九
○義 一卷三 十九
瑞 一卷三 十九
葡 一卷四 十一
○鄉 一卷四 十四
○路 一卷四 十五
○溝 一卷四 十六
○途 一卷四 十七
窟 一卷四 十七
○塊 一卷四 十七
隘 一卷四 十八
遐 一卷四 十九
達 一卷四 十九
塞 一卷四 十九
貉 一卷五 十
嵩 一卷五 十二
滄 一卷五 十四
○源 一卷五 十七
溜 一卷五 十八
○塘 一卷五 十八
溪 一卷五 十九
○溼 一卷五 十九
○殿 一卷六 十
廊 一卷六 十二
○衙 一卷六 十三
○塔 一卷六 十五
○園 一卷六 十七
椽 一卷六 十九
楣 一卷六 十九
楹 一卷七 十
隙 一卷七 十一
○禁 二卷一
頒 二卷二
盟 二卷三
鼎 二卷四
筵 二卷四
瑟 二卷七
○鼓 二卷八
○過 二卷九
誅 二卷十
○罪 二卷十 一
○詩 二卷十 二
頌 二卷十 二
○碑 二卷十 四
○稟 二卷十 五
楷 二卷十 五
著 二卷十 六
虜 二卷十 九
滅 二卷十 九
鉞 二卷二 十
彀 二卷二 十一
虞 二卷二 十四
鄒 二卷二 十五
董 二卷二 十七
辟 二卷二 十八
嗣 二卷二 十九
嗇 二卷二 十九
○舅 二卷三 十
○爺 二卷三 十
○媳 二卷三 十一
媵 二卷三 十二
稚 二卷三 十四
傭 二卷三 十六
資 二卷三 十七
○聖 二卷三 十七
廉 二卷三 十八
○敬 二卷三 十九
○誠 二卷三 十九
雍 二卷三 十九
綏 二卷四 十一
頑 二卷四 十一
○愚 二卷四 十一
愆 二卷四 十二
傲 二卷四 十三
○亂 二卷四 十六
○賊 二卷四 十六
○督 二卷四 十八
聘 二卷四 十九
○祿 二卷五 十
○貫 二卷五 十一
○債 二卷五 十三
筮 二卷五 十五
○煤 二卷五 十八
○鉛 二卷五 十九
鉑 二卷六 十
鉀 二卷六 十
硼 二卷六 十一
瑙 二卷六 十一
○傳 二卷六 十三
○較 二卷七 十一
○腦 二卷七 十四
睛 二卷七 十五
○喉 二卷七 十六
○腹 二卷七 十七
○腰 二卷七 十七
○腸 二卷七 十八
○腳 二卷八 十
腫 二卷八 十三
隕 二卷八 十四

誄 二卷八十五　○葬 二卷八十六　○飯 二卷八十七　○飲 二卷八十七　酪 二卷八十八　○農 二卷九十一
粲 二卷九十三　梁 二卷九十四　稗 二卷九十四　○補 二卷九十六　○零 三卷一　○萬 三卷二
○肆 三卷三　○羣 三卷七　皙 三卷八　腥 三卷九　○葷 三卷九　旒 三卷十一
褰 三卷十二　○褭 三卷十四　絹 三卷十六　○絲 三卷十七　○葛 三卷十七　瑚 三卷二十
瑜 三卷二十　瑕 三卷二十　賄 三卷二十一　賂 三卷二十一　○鉤 三卷二十七　○準 三卷三十
盞 三卷三十二　鉢 三卷三十三　艇 三卷三十七　楫 三卷三十七　軾 三卷三十九　鈴 三卷四十
碎 三卷四十三　○酬 三卷四十七　斟 三卷四十七　○裝 三卷四十八　○載 三卷四十八　○填 三卷四十八
溢 三卷四十九　○匯 三卷五十　溯 三卷五十　溺 三卷五十一　滋 三卷五十一　○煎 三卷五十三
煮 三卷五十三　萼 三卷五十七　○葉 三卷五十七　○落 三卷五十八　○葵 三卷五十八　蓧 三卷六十
葦 三卷六十一　萱 三卷六十四　椶 三卷七十一　榆 三卷七十二　椿 三卷七十二　○楊 三卷七十四
楓 三卷七十五　筠 三卷七十五　○禽 三卷七十六　鳧 三卷七十八　鳩 三卷七十八　○雉 三卷七十九
獅 三卷八十三　○猴 三卷八十四　○鼠 三卷八十九　馴 三卷九十　馳 三卷九十一　黽 三卷九十六
蜃 三卷九十七　蜋 三卷九十八　蛾 三卷一百　蜉 三卷一百　蜈 三卷百零一　○頓 四卷二
○勢 四卷三　遑 四卷六　○會 四卷六　傾 四卷七　○逼 四卷八　○意 四卷十
○想 四卷十　羨 四卷十一　○傷 四卷十二　○愁 四卷十二　○感 四卷十二　嗜 四卷十五
○解 四卷十七　○慎 四卷十八　○煩 四卷十九　○睡 四卷二十一　○話 四卷二十二　詰 四卷二十四
○號 四卷二十四　○嗁 四卷二十七　嗟 四卷二十八　○搶 四卷三十五　搏 四卷三十五　○搔 四卷三十六
○搖 四卷三十九　○跪 四卷四十二　達 四卷四十五　○遇 四卷四十五　詣 四卷四十六　○運 四卷四十六
跳 四卷四十六　○業 四卷四十八　肄 四卷四十九　○置 四卷四十九　○嫁 四卷五十一　○飭 四卷五十四
○催 四卷五十四　○試 四卷五十五　○預 四卷五十五　募 四卷五十六　○債 四卷五十六　○勤 四卷五十七
○暇 四卷五十七　睦 四卷五十七　○棄 四卷五十八　○歇 四卷六十　微 四卷六十二　○詳 四卷六十三
靖 四卷六十三　裕 四卷六十四　煕 四卷六十五　溥 四卷六十五　滔 四卷六十六　○滑 四卷六十六
損 四卷七十　○隔 四卷七十二　○矮 四卷七十三　○該 四卷七十七　○僅 四卷七十八　○愈 四卷八十
○遂 四卷八十一　○當 四卷八十二

十四畫

○魁 一卷三　○望 一卷十　斡 一卷十三　闔 一卷二十二　○齊 一卷二十四　○蒙 一卷三十
○境 一卷四十三　○塵 一卷四十七　鄙 一卷四十八　○遠 一卷四十八　遙 一卷四十九　漠 一卷四十九
○漢 一卷五十六　漳 一卷五十六　○滬 一卷五十七　○滴 一卷五十九　塾 一卷六十二　寢 一卷六十二
○署 一卷六十三　○幕 一卷六十四　閨 一卷六十四　○臺 一卷六十五　○閣 一卷六十五　廐 一卷六十八
○綱 二卷一　○賑 二卷二　漕 二卷二　箏 二卷七　○舞 二卷八　韶 二卷八
○罰 二卷十　○獄 二卷十　誥 二卷十二　銘 二卷十三　○圖 二卷十四　箋 二卷十五
○歌 二卷十六　搞 二卷十九　○旗 二卷二十二　○趙 二卷二十五　嫗 二卷三十二　○嫡 二卷三十二
○賓 二卷三十三　○寡 二卷三十三　蔆 二卷三十三　○夥 二卷三十六　○僕 二卷三十六　僮 二卷三十六
○端 二卷三十九　豪 二卷四十　嘉 二卷四十　○榮 二卷四十　○福 二卷四十　○壽 二卷四十
○誤 二卷四十二　誣 二卷四十二　僭 二卷四十三　○禍 二卷四十六　僚 二卷四十七　銜 二卷四十九
○賒 二卷五十二　○摺 二卷五十三　○漁 二卷五十五　○輕 二卷五十七　○綠 二卷五十七　○酸 二卷五十七
酵 二卷五十七　○銀 二卷五十八　○銅 二卷五十八　碯 二卷六十二　漲 二卷六十三　○像 二卷六十七
○管 二卷六十九　○算 二卷六十九　○綫 二卷六十九　○膏 二卷七十三　○領 二卷七十四　○鼻 二卷七十六
髯 二卷八十二　○貌 二卷八十二　○魂 二卷八十二　瘧 二卷八十三　誌 二卷八十五　○墓 二卷八十六
○腐 二卷八十九　○飽 二卷九十　○種 二卷九十一　綴 二卷九十六　○僧 三卷九十七　○稱 三卷五
銖 三卷五　○箇 三卷六　○衆 三卷六　蒼 三卷八　○碧 三卷八　○幹 三卷十
緇 三卷九　○裳 三卷十三　綬 三卷十五　綾 三卷十六　○綢 三卷十六　綸 三卷十七
○飾 三卷十八　瑤 三卷十九　○凳 三卷二十三　榻 三卷二十三　幔 三卷二十四　○漏 三卷二十五
○箕 三卷二十八　槎 三卷三十八　鞅 三卷三十九　○網 三卷四十一　留 三卷四十一　○製 三卷四十二
甄 三卷四十二　斲 三卷四十二　維 三卷四十四　○墊 三卷四十八　漫 三卷五十　○熏 三卷五十二
○蒜 三卷五十四　蒓 三卷五十五　蒿 三卷五十五　蓉 三卷五十九　○蒲 三卷六十一　著 三卷六十四
榴 三卷六十六　榛 三卷七十一　槐 三卷七十四　箍 三卷七十五　○鳳 三卷七十六　鳶 三卷七十九
○翠 三卷八十一　○雌 三卷八十二　○鳴 三卷八十二　熊 三卷八十四　貍 三卷八十六　駁 三卷九十
蜻 三卷九十八　○蜨 三卷九十九　○蜜 三卷九十九　態 四卷一　○瘦 四卷二　裸 四卷三

○夢 四卷六
毓 四卷八
慘 四卷十二
慨 四卷十三
○慢 四卷十四
○疑 四卷十五
歎 四卷十六
○慣 四卷十七
○察 四卷十七
慈 四卷十八
○聞 四卷十九
○認 四卷二十
○監 四卷二十
○語 四卷二十二
○說 四卷二十二
誓 四卷二十三
○對 四卷二十四
嘖 四卷二十五
誨 四卷二十六
誚 四卷二十六
誘 四卷二十九
誑 四卷二十九
誦 四卷三十
○嘗 四卷三十一
漱 四卷三十一
嘔 四卷三十一
○與 四卷三十三
○奪 四卷三十四
○敲 四卷三十六
摧 四卷三十六
摘 四卷三十八
遮 四卷四十六
肇 四卷四十八
輔 四卷五十
○際 四卷五十三
遣 四卷五十四
需 四卷五十五
蓄 四卷五十五
○裹 四卷五十五
演 四卷五十九
○精 四卷六十三
兢 四卷六十三
赫 四卷六十四
綽 四卷六十四
碩 四卷六十四
○團 四卷六十六
○實 四卷六十七
滯 四卷六十九
瑣 四卷六十九
暢 四卷六十九
竭 四卷七十
○盡 四卷七十
彰 四卷七十
酷 四卷七十三
嫩 四卷七十四
○爾 四卷七十五
○蓋 四卷七十七
綦 四卷七十九
○頗 四卷七十九
○漸 四卷七十九
○屢 四卷八十
輒 四卷八十一

十五畫

蝕 一卷一
霆 一卷五
震 一卷五
霄 一卷六
○儀 一卷八
○暫 一卷十一
○緯 一卷十七
○廣 一卷二十七
○歐 一卷三十一
緬 一卷三十四
○德 一卷三十八
○墨 一卷四十二
畿 一卷四十三
墟 一卷四十七
衝 一卷四十七
磁 一卷五十三
澗 一卷五十五
潁 一卷五十六
潞 一卷五十七
潼 一卷五十七
○潮 一卷五十八
潦 一卷五十八
○廟 一卷六十一
廡 一卷六十二
○廠 一卷六十三
樞 一卷六十四
闠 一卷六十四
○樓 一卷六十五
廛 一卷六十六
閭 一卷六十六
○鄰 一卷六十六
樊 一卷六十七
○廚 一卷六十八
牖 一卷六十九
○閱 一卷六十九
○緒 二卷一
○賜 二卷二
○賞 二卷二
○慶 二卷三
輦 二卷四
○樂 二卷六
戮 二卷十
賦 二卷十二
編 二卷十五
箴 二卷十五
○篇 二卷十五
篆 二卷十五
○課 二卷十六
撰 二卷十六
○寫 二卷十六
○敵 二卷十九
○劍 二卷十九
鋒 二卷二十
○箭 二卷二十一
○彈 二卷二十二
麾 二卷二十三
○魯 二卷二十四
蔡 二卷二十四
滕 二卷二十五
鄭 二卷二十五
鄧 二卷二十五
○劉 二卷二十六
蔣 二卷二十六
潘 二卷二十七
儈 二卷三十五
○質 二卷三十七
○賢 二卷三十七
○節 二卷三十八
○儉 二卷三十八
○寬 二卷三十九
慧 二卷三十九
毅 二卷四十
諂 二卷四十三
僻 二卷四十四
暴 二卷四十五
○撫 二卷四十八
○賤 二卷五十
○賣 二卷五十一

○價 二卷五十三
○養 二卷五十七
須 二卷五十八
銲 二卷五十九
銻 二卷五十九
磈 二卷六十二
撦 二卷六十四
隆 二卷六十五
○輪 二卷六十六
劈 二卷六十六
○影 二卷六十七
○膚 二卷七十二
膜 二卷七十二
頤 二卷七十四
○齒 二卷七十六
○膝 二卷八十一
○髮 二卷八十二
○魄 二卷八十二
殤 二卷八十四
○墳 二卷八十六
總 二卷八十六
○麪 二卷八十七
餉 二卷八十八
漿 二卷八十八
○醋 二卷八十八
○醉 二卷八十九
稼 二卷九十一
耦 二卷九十二
○穀 二卷九十二
○稻 二卷九十三
稷 二卷九十三
緝 二卷九十五
魅 二卷九十八
○數 三卷一
億 三卷二
○層 三卷六
模 三卷七
○樣 三卷七
黎 三卷九
褐 三卷十三
寢 三卷十三
履 三卷十四
○緣 三卷十六
幣 三卷十六
緡 三卷十七
緜 三卷十七
璋 三卷二十
匳 三卷二十六
○箱 三卷二十六
箸 三卷三十一
○盤 三卷三十二
範 三卷三十六
槳 三卷三十七
鞍 三卷三十九
槽 三卷四十
鋤 三卷四十一
締 三卷四十四
緘 三卷四十四
磋 三卷四十五
○翦 三卷四十五
澆 三卷四十六
標 三卷四十七
澂 三卷四十九
澄 三卷四十九
潤 三卷五十一
○熟 三卷五十三
○熱 三卷五十三
蔬 三卷五十四
○蔥 三卷五十四
蓬 三卷五十五
○蓮 三卷五十八
蔓 三卷五十九
蓼 三卷六十一
蔗 三卷六十八
蔆 三卷六十八
○蔭 三卷七十
樟 三卷七十二
樗 三卷七十二
篁 三卷七十五
鴇 三卷七十七
鳫 三卷七十八
翥 三卷八十二
○駝 三卷八十五
駒 三卷八十七
鴐 三卷八十七
槷 三卷八十九
駟 三卷九十
○駕 三卷九十一
駐 三卷九十一
駛 三卷九十一
蝦 三卷九十六
蝸 三卷九十七
蝠 三卷九十八
○蝗 三卷九十九
○蝨 三卷百零三
嬌 四卷一
瘠 四卷二
憔 四卷二
○潔 四卷三
皺 四卷三
靠 四卷五
頫 四卷七
嬉 四卷八
暱 四卷八
○遮 四卷八
○慰 四卷十一
○慕 四卷十一
○憂 四卷十一
○慮 四卷十一
憚 四卷十三
慙 四卷十三
憤 四卷十四
憎 四卷十四
○審 四卷十七
○趣 四卷十八
○憐 四卷十八
○瞎 四卷二十一
○談 四卷二十二
○論 四卷二十二
諄 四卷二十六
嘲 四卷二十六
○調 四卷二十六
嘶 四卷二十七
○歎 四卷二十八
○罵 四卷二十八
○請 四卷二十九
擒 四卷三十五
撞 四卷三十五
毆 四卷三十五
摩 四卷三十六
摹 四卷三十七
撐 四卷三十七
播 四卷三十九
撤 四卷四十
踐 四卷四十一
○遲 四卷四十四
遭 四卷四十五
○適 四卷四十六
○稽 四卷四十九
敷 四卷五十
徵 四卷五十一
賚 四卷五十二
○鋪 四卷五十六
徹 四卷五十七

○廢 四卷五十八
轂 四卷五十八
○窮 四卷五十九
○鬧 四卷六十
○罷 四卷六十
○豎 四卷六十六
○確 四卷六十七
銳 四卷六十七
○整 四卷六十八
○緩 四卷六十八
○緊 四卷六十八
增 四卷七十
複 四卷七十一
翩 四卷七十二
劇 四卷七十四
○誰 四卷七十六
○輩 四卷七十六
蔑 四卷七十九
○概 四卷八十
○諒 四卷八十一

十六畫

曇 一卷四
霓 一卷六
霖 一卷七
○歷 一卷九
○曉 一卷十二
○橫 一卷十六
遼 一卷十九
豫 一卷二十三
黔 一卷二十八
澳 一卷三十三
暹 一卷三十四
○縣 一卷四十三
寰 一卷四十四
○橋 一卷四十五
徵 一卷五十
○險 一卷五十
衡 一卷五十二
霍 一卷五十二
○澤 一卷五十八
壇 一卷六十一
○學 一卷六十二
奩 一卷六十六
廩 一卷六十八
○諭 二卷二
磬 二卷六
錄 二卷十三
○翰 二卷十五
勳 二卷十七
○戰 二卷十八
禦 二卷十八
諜 二卷十九
○衛 二卷二十四
○親 二卷三十二
儒 二卷三十五
闍 二卷三十六
篤 二卷三十八
篡 二卷四十六
○憲 二卷四十八
○據 二卷五十三
○樵 二卷五十五
○賭 二卷五十六
○錫 二卷五十九
鋼 二卷五十九
錳 二卷六十
燐 二卷六十二
○靜 二卷六十四
○機 二卷六十六
○濃 二卷六十七
○積 二卷六十九
○圜 二卷七十
橢 二卷七十
○頸 二卷七十三
○頭 二卷七十三
頰 二卷七十四
○踵 二卷八十一
瘴 二卷八十三
縊 二卷八十四
謠 二卷八十五
○諱 二卷八十五
餐 二卷八十七
膳 二卷八十九
○醒 二卷九十
○餓 二卷九十
餒 二卷九十
○墾 二卷九十一
○穅 二卷九十五
餤 二卷九十八
噸 三卷五
錨 三卷五
○餘 三卷七
縞 三卷九
盧 三卷九
簑 三卷十三
褥 三卷十五
○錦 三卷十六
縐 三卷十六
髻 三卷十八
璣 三卷十九
璞 三卷十九
○錢 三卷二十一
○錯 三卷二十一
○器 三卷二十二
橐 三卷二十八
篩 三卷三十
瓢 三卷三十三
甄 三卷三十四
鋸 三卷三十五
錐 三卷三十五
篙 三卷三十八
轂 三卷三十九
劑 三卷四十二
縛 三卷四十四
○磨 三卷四十五
盥 三卷四十六
澣 三卷四十七
○輸 三卷四十八
築 三卷四十八
○擔 三卷四十八
○濁 三卷四十九
凝 三卷五十
壅 三卷五十
○燒 三卷五十二
熾 三卷五十三
蕈 三卷五十六
蕪 三卷六十
蕙 三卷六十二
蕉 三卷六十三
橙 三卷六十七
○橋 三卷六十七
○樹 三卷六十九
橡 三卷七十三
樸 三卷七十三
○雕 三卷七十七
鴝 三卷七十七
鴞 三卷七十七
○燕 三卷八十
鴛 三卷八十一
鴦 三卷八十一
○鴨 三卷八十一
翮 三卷八十二

駱 三卷八十五
塵 三卷八十五
豬 三卷八十九
○貓 三卷八十九
駭 三卷九十
○龍 三卷九十二

鮑 三卷九十三
○龜 三卷九十五
○螢 三卷百
○蠡 三卷百零三
○憑 四卷五
○興 四卷五

導 四卷九
傳 四卷九
憶 四卷十
憾 四卷十四
懈 四卷十五
嬖 四卷十五

懍 四卷六
激 四卷十六
窺 四卷二十
覦 四卷二十
○謂 四卷二十二
○謀 四卷二十二

○辨 四卷二十三
諾 四卷二十四
默 四卷二十五
諷 四卷二十五
諫 四卷二十五
諺 四卷二十七

嘯 四卷二十七
噫 四卷二十八
諛 四卷二十九
謔 四卷二十九
噬 四卷三十一
擁 四卷三十三

○操 四卷三十四
撻 四卷三十五
○擇 四卷三十六
踰 四卷四十二
○遷 四卷四十三
○隨 四卷四十六

○遵 四卷四十六
擅 四卷四十九
○選 四卷五十
謁 四卷五十一
○遺 四卷五十二
○辦 四卷五十五

○賴 四卷五十五
獎 四卷五十八
穆 四卷六十四
蕩 四卷六十六
融 四卷六十七
蔽 四卷七十一

奮 四卷七十二
○獨 四卷七十八
暨 四卷七十九
頻 四卷八十
○諸 四卷八十六

十七畫

霞 一卷四
○霜 一卷四
颶 一卷五
縱 一卷十六
嶶 一卷二十
韓 一卷三十三

隰 一卷四十六
○嶽 一卷五十一
嶺 一卷五十一
嶼 一卷五十一
壑 一卷五十五
濟 一卷五十六

濤 一卷五十七
○館 一卷六十二
闌 一卷六十四
○齋 一卷六十六
檐 一卷六十九
○牆 一卷七十

闌 一卷七十
簋 二卷五
檢 二卷十五
隸 二卷十五
獲 二卷十九
○營 二卷二十一

薛 二卷二十五
豳 二卷二十七
孺 二卷三十四
嬰 二卷三十四
○謙 二卷三十九
穢 二卷四十四

○爵 二卷四十九
黜 二卷五十
○購 二卷五十一
○償 二卷五十二
○賽 二卷五十二
○戲 二卷五十六

優 二卷五十六
○縮 二卷六十三
黏 二卷六十三
○壓 二卷六十三
○聲 二卷六十八
○點 二卷六十九

瞳 二卷七十五
膺 二卷七十六
臀 二卷七十七
○膽 二卷七十八
○臂 二卷八十
骽 二卷八十一

療 二卷八十三
薨 二卷八十四
○殮 二卷八十五
○餅 二卷八十七
糟 二卷八十八
膾 二卷八十九

醢 二卷八十九
餞 二卷九十
○糞 二卷九十二
穎 二卷九十二
績 二卷九十五
繅 二卷九十六

縫 二卷九十六
禪 二卷九十七
類 三卷六
○總 三卷七
黛 三卷十
○鮮 三卷九

褻 三卷十二
屨 三卷十四
散 三卷十五
縷 三卷十七
○環 三卷十九
氈 三卷二十四

○燭 三卷二十五
鍼 三卷二十七
鍾 三卷三十二
鍋 三卷三十四
蓬 三卷三十八
輿 三卷三十八

韔 三卷三十八
○鍊 三卷四十二
聯 三卷四十四
濯 三卷四十六
濫 三卷四十九
濬 三卷五十一

燥 三卷五十三
○薑 三卷五十四
薇 三卷五十五
○薙 三卷六十
蕭 三卷六十一
薪 三卷六十四
薏 三卷六十七
檀 三卷七十
篠 三卷七十五
篾 三卷七十五
○鴻 三卷七十七
鴿 三卷七十九
○翼 三卷八十二
犧 三卷八十三
麋 三卷八十五
駿 三卷八十七
號 三卷九十
騁 三卷九十一
黿 三卷九十五
螳 三卷九十八
螽 三卷九十八
○蠡 三卷一百
蟀 三卷百零二
蟄 三卷百零三
膽 四卷四
○戴 四卷八
○臨 四卷九
懦 四卷十三
○懇 四卷十六
○擬 四卷十七
○聰 四卷十九
瞬 四卷二十
○講 四卷二十二
謗 四卷二十六
謳 四卷二十七
○謠 四卷二十七
○謝 四卷二十九
擯 四卷三十二
擊 四卷三十五
○舉 四卷三十八
○謄 四卷四十
蹋 四卷四十一
蹈 四卷四十一
○還 四卷四十三
趨 四卷四十四
○避 四卷四十五
○邀 四卷四十五
蹇 四卷四十七
遽 四卷四十七
襄 四卷五十
○薦 四卷五十
懋 四卷五十七
○賸 四卷六十
○薄 四卷六十一
○闊 四卷六十二
矯 四卷六十三
燦 四卷六十四
艱 四卷六十九
繁 四卷六十九
○虧 四卷七十
○隱 四卷七十
斂 四卷七十四
彌 四卷八十
○應 四卷八十二
○雖 四卷八十四

十八畫

颺 一卷五
曜 一卷七
○藏 一卷三十
○鎮 一卷四十五
邇 一卷四十八
瀑 一卷五十二
瀆 一卷五十八
○闕 一卷六十一
○禮 二卷一
覲 二卷三
贄 二卷三
蹕 二卷四
簠 二卷五
謨 二卷十二
簡 二卷十三
○題 二卷十五
壘 二卷二十一
○鎗 二卷二十二
○獵 二卷二十三
魏 二卷二十五
儲 二卷二十九
○嬸 二卷三十
謬 二卷四十二
○職 二卷四十七
謫 二卷五十
○醫 二卷五十五
擺 二卷六十四
簧 二卷六十九
○額 二卷七十四
○臟 二卷七十六
○臍 二卷七十九
竅 二卷八十二
○顏 二卷八十二
殯 二卷八十五
餬 二卷八十八
○醬 二卷八十八
穡 二卷九十一
○糧 二卷九十二
○織 二卷九十六
繕 二卷九十六
薩 二卷九十七
○雙 三卷一
鎊 三卷四
○釐 三卷五
○藍 三卷八
簪 三卷十八
壁 三卷二十
鎰 三卷二十一
鎖 三卷二十九
繳 三卷二十九
觴 三卷三十二
甕 三卷三十三
○鞭 三卷三十九
○斷 三卷四十三
繞 三卷四十四
○轉 三卷四十八
瀉 三卷四十九
燼 三卷五十三
薰 三卷六十二
薺 三卷六十八
叢 三卷七十
鵠 三卷七十八
鵡 三卷七十九
○雞 三卷八十一
○鵝 三卷八十一
翹 三卷八十二
駢 三卷九十
○騎 三卷九十一
鯁 三卷九十二
蟒 三卷九十二
○鯉 三卷九十三
鯊 三卷九十三
○蟲 三卷九十八
蟬 三卷九十九
贅 四卷四
○擾 四卷十八
○聲 四卷二十一
○謹 四卷二十五

擲 四卷四十
○歸 四卷四十三
竄 四卷四十四
蹤 四卷四十七
藐 四卷六十二
邈 四卷六十二
豐 四卷六十四
○雜 四卷六十九
藉 四卷七十二
○覆 四卷七十二
○翻 四卷七十二
○舊 四卷七十四

十九畫

○霧 一卷四
臘 一卷九
疆 一卷二十六
隴 一卷四十六
數 一卷四十七
○關 一卷四十九
○邊 一卷五十
礪 一卷五十三
瀕 一卷五十四
瀛 一卷五十四
廬 一卷六十六
檻 一卷七十
○禱 二卷三
璽 二卷四
簫 二卷七
懲 二卷九
○簿 二卷十三
牘 二卷十四
繪 二卷十五
孽 二卷三十二
○癡 二卷四十一
○藩 二卷四十八
○藝 二卷五十四
疇 二卷五十四
○離 二卷六十四
羸 二卷六十六
○餻 二卷七十七
羹 二卷七十八
麴 二卷八十八
○餹 二卷八十八
穫 二卷九十一
○繡 二卷九十五
○藺 二卷九十六
○類 三卷一
疊 三卷六
麗 三卷九
襟 三卷十三
○鞵 三卷十四
黼 三卷十五
○羅 三卷十六
○簾 三卷二十四
○鏡 三卷二十五
韜 三卷二十六
櫛 三卷二十六
○繩 三卷二十九
轍 三卷三十九
繮 三卷三十九
○轎 三卷四十
○壞 三卷四十三
繫 三卷四十四
鏤 三卷四十五
藜 三卷五十六
辯 三卷五十七
○藥 三卷五十九
○藁 三卷五十九
藤 三卷六十三
○藕 三卷六十八
櫟 三卷七十二
鵬 三卷七十六
鶉 三卷七十九
○鵲 三卷八十
○獸 三卷八十三
麒 三卷八十三
獺 三卷八十五
犢 三卷八十八
鯨 三卷九十二
鯗 三卷九十四
○蟹 三卷九十六
鼃 三卷九十六
蟾 三卷九十六
蟶 三卷九十七
○蠅 三卷百
蠆 三卷百零一
蠍 三卷百零一
○蟻 三卷百零三
○懶 四卷三
顛 四卷七
○懷 四卷十
○願 三卷十一
蘊 四卷十六
寵 四卷十六
○識 四卷十七
○韻 四卷十九
○證 四卷二十三
○譁 四卷二十五
○贊 四卷二十五
譏 四卷二十六
譖 四卷二十六
○辭 四卷三十
○攀 四卷三十八
贈 四卷五十二
○曠 四卷五十八
○礙 四卷五十八
○穩 四卷六十七
○難 四卷六十九
靡 四卷八十四

二十畫

霰 一卷四
飄 一卷七
○蘇 一卷二十
瓊 一卷二十七
○黨 一卷四十四
瀾 一卷五十九
彝 二卷四
○鐘 二卷六
騷 二卷十二
○譜 二卷十三
○籍 二卷十三
孀 二卷三十三
○嚴 二卷四十
○贏 二卷五十三
礬 二卷六十一
○辮 二卷七十五
齡 二卷八十二
醴 二卷九十
饉 二卷九十
懺 二卷九十八
○鹹 三卷十
纊 三卷十七
○寶 三卷十九
○鐙 三卷二十五
○籃 三卷二十七
○籌 三卷三十
艦 三卷三十七
蘂 三卷五十八
馨 三卷五十八
藻 三卷六十
○蘆 三卷六十一
騮 三卷七十八
騰 三卷九十一
鯿 三卷九十四
鯽 三卷九十四
鰌 三卷九十四

○鰕 三卷九十六　蠓 三卷百　○覺 四卷十七　○議 四卷二十三　○譬 四卷二十三　譽 四卷二十五
○警 四卷二十五　○勸 四卷二十九　○譯 四卷三十　攘 四卷三十四　○釋 四卷四十　○繼 四卷四十八
○獻 四卷五十二　競 四卷五十九　譪 四卷六十三　瓏 四卷六十六　贍 四卷六十九　觸 四卷七十一

二十一畫
○露 一卷三　曩 一卷十一　○竈 一卷六十八　闢 一卷七十一　鐸 二卷六　鼙 二卷八
○礮 二卷二十二　鰥 二卷三十三　○霸 二卷三十五　蠢 二卷四十一　○屬 二卷四十九　贓 二卷五十
○鐵 二卷五十九　鰜 二卷六十一　躍 二卷六十四　饑 二卷九十　饋 二卷九十　魔 二卷九十八
○韡 三卷十四　鐲 三卷十九　○爛 三卷四十三　○續 三卷四十四　灌 三卷五十一　○蘜 三卷五十八
○蘭 三卷六十二　櫻 三卷六十五　○鶴 三卷七十六　鶯 三卷八十　麝 三卷八十五　驂 三卷九十
驅 三卷九十一　蠣 三卷九十七　蠡 三卷九十七　蠟 三卷九十九　○懼 四卷十三　○顧 四卷二十
○覽 四卷二十　囂 四卷二十五　囀 四卷二十七　攜 四卷三十四　攝 四卷三十九　齎 四卷五十二
○護 四卷五十四　巍 四卷六十五　轟 四卷七十一

二十二畫
霾 一卷六　霽 一卷七　○灘 一卷五十三　○贖 二卷十　龔 二卷二十七　懿 二卷三十八
○驕 二卷四十三　○竊 二卷四十五　鬻 二卷五十一　糴 二卷五十二　饔 二卷八十七　籙 二卷九十七
○權 三卷五　○襯 三卷十二　襲 三卷十二　鑑 三卷二十六　○籠 三卷二十六　囊 三卷二十八
攣 三卷三十九　鑄 三卷四十二　纏 三卷四十四　彎 三卷四十七　攤 三卷四十八　籜 三卷七十五
鷗 三卷七十八　鷙 三卷八十　虁 三卷八十七　鰱 三卷九十三　○聽 四卷十九　○聾 四卷十九
○響 四卷十九　○歡 四卷二十七　○讀 四卷三十　躐 四卷四十二　○儼 四卷六十一　○儻 四卷七十七

二十三畫
○驛 一卷四十六　巖 一卷五十一　○體 二卷七十二　髓 二卷七十三　鬟 二卷七十五　齏 二卷八十七
饜 二卷九十　纓 三卷十一　○籤 三卷三十一　蘿 三卷六十三　鷺 三卷七十八　○麟 三卷八十三
鸁 三卷八十八　鱗 三卷九十二　鱖 三卷九十四　鱓 三卷九十四　鼇 三卷九十五　○蠭 三卷九十九
蠱 三卷百零二　○驚 四卷十三　戀 四卷十五　○讎 四卷二十八　○變 四卷四十九　○驗 四卷五十五
○顯 四卷七十　纔 四卷七十九

二十四畫
靄 一卷六　贛 一卷二十一　壩 一卷四十八　蠹 二卷二十三　○讓 二卷三十九　○鹽 二卷六十一
鬢 二卷七十九　顰 二卷八十二　釀 二卷九十　○靈 二卷九十七　○鑪 三卷三十四　羈 三卷三十九

○鷹 三卷七十七
○驟 三卷九十一
鼈 三卷九十五
○蠶 三卷百零一
蠹 三卷百零二
讒 四卷二十六
○鬪 四卷六十

二十五畫
○廳 一卷四十三
○蠻 一卷五十
灣 一卷五十四
○觀 一卷六十一
籬 一卷六十七
籩 二卷五
糶 二卷五十二
鑰 三卷二十九
鬣 三卷九十
○鑲 三卷四十五
欖 三卷六十六
鼉 三卷九十五

二十六畫
鑷 三卷三十五
驥 三卷八十七
○驢 三卷八十八

二十七畫
鑾 二卷四
鑼 二卷六
纜 三卷二十九
○鑽 三卷四十五
鱸 三卷九十三
鱷 三卷九十五

二十八畫
○鑿 三卷三十四
鸚 三卷七十九
豔 四卷七十四

二十九畫
爨 三卷五十二
○鬱 三卷六十
驪 三卷八十七

三十畫
○鸞 三卷七十六
鸝 三卷八十

三十三畫
○麤 四卷六十三

澄衷蒙學堂字課圖說檢附字

三畫

个 三卷六箇

四畫

气 一卷一氣

从 四卷九從

无 四卷七十八無

五畫

凷 一卷四十七塊

丠 一卷五十五邱

弍 三卷三貳

他 四卷七十六佗

六畫

伎 二卷五十六妓

七畫

灸 一卷十一久

村 一卷四十五邨

坑 一卷五十四阬

坊 一卷六十五防

邠 二卷二十七豳

材 二卷三十七才

汞 二卷五十八澒

扯 二卷六十四撦

床 三卷二十三牀

灾 三卷五十二災

虯 三卷九十二蚪

却 四卷五十九卻

迄 四卷六十訖

八畫

岳 一卷五十一嶽

泲 一卷五十六濟

姉 二卷三十一姊

姐 二卷三十一姊

妬 二卷四十三妒

叁 三卷三參

昇 三卷四升

杯 三卷三十一盃

版 三卷三十五板

杭 三卷三十七航

抱 四卷三十二裒

効 四卷四十九效

倂 四卷七十九弁

奈 四卷八十五柰

九畫

叛 一卷四十八畔

研 二卷十六硯

洿 二卷四十四汙

姦 二卷四十五奸

砒 二卷六十二磇

赴 二卷八十五訃

十畫

茀 三卷十五黻

狨 三卷十七絨

查 三卷三十八槎

俛 四卷七頫

昵 四卷八暱

卹 四卷十八恤

蚤 一卷十一早

貢 一卷二十一贛

砲 二卷二十二礮

陣 二卷二十四陳

悌 二卷三十弟

叟 二卷三十四叜

衺 二卷四十四邪

衿 三卷十三襟

帬 三卷十四裠

珮 三卷十五佩

針 三卷二十七鍼

盌 三卷三十一椀

浣 三卷四十七澣

笋 三卷五十六筍

翅 三卷八十二翄

蚊 三卷一百蟁

俯 四卷七頫

拿 四卷三十五拏

竝 四卷四十一並

荐 四卷五十薦

倘 四卷七十七儻

十一畫

望 一卷十朢

婚 一卷十二昏

途 一卷四十七塗

逖 一卷五十狄

崧 一卷五十二嵩

庵 一卷六十六盦

猝 二卷十七卒

崑 二卷三十昆

婣 二卷三十二姻

牾 二卷四十三忤

娼 二卷五十六倡

粘 二卷六十三黏

累 三卷六絫

採 三卷九采

彩 三卷九采

袖 三卷十三褎

舵 三卷三十七柁

剪 三卷四十五翦

扈 三卷七十八鳸

訢 四卷十一欣

掃 四卷三十七埽

跂 四卷四十一企

徠 四卷四十三來

粗 四卷六十三麤

十二畫

厤 一卷九歷

腊 一卷十一昔

朞 一卷十二期

衖 一卷四十五巷

堤 一卷四十八隄

堦 一卷六十階

間 一卷七十一閒

珪 二卷四圭

婿 二卷三十一壻

貲 二卷三十七資

喆 二卷三十七哲

棊 三卷二十五棋

傘 三卷二十九繖

缾 三卷三十三瓶

菌 三卷五十六蕈

菊 三卷五十八蘜

蛙 三卷九十六鼃

棲 四卷五栖

啼　四卷二十七唬
喫　四卷三十一吃
弒　四卷六十五彬

十三畫

暉　一卷七揮
熯　一卷八煖
暄　一卷八煖
暖　一卷八煖
幹　一卷十三斡
貊　一卷五十貉
皐　二卷十一罪
圓　二卷七十圜
粳　二卷九十三秔
裙　三卷十四裠
靴　三卷十四鞾
碁　三卷二十五棋
碗　三卷三十一椀
煉　三卷四十二鍊
蔥　三卷五十四葱
葯　三卷五十九藥
楠　三卷七十三枏
筱　三卷七十五篠
猿　三卷八十四猨
蜂　三卷九十九蠭
詢　四卷二十四訊
逾　四卷四十二踰
遍　四卷五十八徧

十四畫

緑　三卷九采
綿　三卷十七緜
奩　三卷二十六匳
榜　三卷三十七榜
漆　三卷七十二桼
睹　四卷二十覩
摸　四卷三十七摹
摭　四卷三十九拓

十五畫

輝　一卷七暉
牕　一卷六十九窗
寮　二卷四十七僚
線　二卷六十九綫
糊　二卷八十八餬
鴆　二卷八十九酖
餂　三卷十甜
鞋　三卷十四鞵
磁　三卷三十四瓷
儋　三卷四十八擔
澄　三卷四十九澂
蓴　三卷五十五蒓
鴈　三卷七十七雁
鴉　三卷八十雅
蝦　三卷九十六鰕
蝶　三卷九十九蜨
蝌　三卷百零二科
暝　四卷二十一眠
踏　四卷四十一蹋
蹤　四卷四十七蹤
鋪　四卷五十六舖
弊　四卷五十八獘
暮　四卷七十九莫

十六畫

稱　二卷三十四稚
澹　二卷五十七淡
彊　二卷五十七强
糖　二卷八十八餹
燈　三卷二十五鐙
霑　三卷四十七沾
義　三卷八十三犧
蹄　三卷九十三蹏
螂　三卷九十八蜋
螘　三卷百零三蟻

十七畫

闇　一卷八暗
臈　一卷九臘
濱　一卷五十四瀕
谿　一卷五十九溪
濕　一卷五十九溼
篴　二卷七笛
螺　二卷六十六蠃
[illegible]　二卷九十三年
繇　四卷八十五由

十八畫

燿　一卷七曜
歟　四卷三十三與
襍　四卷六十九雜

十九畫

壟　一卷四十六隴
簷　一卷六十九檐
簽　二卷十五檢
餽　二卷九十饋
颿　三卷三十八帆
覈　三卷六十五核
譌　四卷二十九訛

二十畫

耀　一卷七曜
騰　二卷二十五滕
孃　二卷三十娘
孽　二卷三十二孼
礦　二卷五十七卝
爐　三卷三十四鑪
蘋　三卷六十萍
鰍　三卷九十四鰌

二十一畫

欄　一卷七十闌
騾　三卷八十八驘

二十二畫

饗　二卷三享
臟　二卷七十六臓
鬚　二卷八十二須
灑　三卷四十七洒
饕　四卷八十二叨

二十三畫

鑛　二卷五十七卝
鱔　三卷九十四鱓

二十六畫

饟　二卷八十八餉
讚　四卷二十五贊

澄衷蒙學堂字課圖說類字

名字類

凡實字以名一切事物者曰名字

天 氣 日 月 星 彗 孛 斗
魁靜 雨動 露動 雲 霞 霧 霜 雪
霰 電 雷 霆 風 颶 雹 霾靜
虹 霓 暈 煙 霄 曜 暉 景靜
霖 儀 晷 世 年 歲 時 季靜
閏 臘 暑 春 夏 秋 冬 朔
望動 弦靜 晦靜 旬 頃靜 夙 夜 晨
昏靜 期 夕 曉動 宵 旦 晝 榦
甲 乙動 丙 丁 戊 己代 庚 辛靜
壬動靜 癸 子 丑 寅靜 卯 辰 巳

午 未狀 申 酉 戌 亥 宇 宙
地 球 經靜 緯 圜 道動 帶動 京靜
都靜 吳 蘇動 皖 贛動 浙 閩 楚
鄂 湘 沅 汴 兖 汾 陝 秦
疆 川 蜀 瓊 桂 滇 梁 林
省動 海 澳 倭 韓 印動 波動 阿動代
土 埃 英 法 德 奧靜 義 瑞靜
荷動 葡 墨 巴 坤 域 國 境
邦 畿 郡 邑 府 廳 州 縣
洲 寰 區動靜狀 鄉 黨動 里 城 郭
市動 井 街 巷 橋 路靜 郵 驛
岸 溝 渠靜代 田 郊 野靜 原動 隰

隴 畝 場 墟 津(靜) 郵 衝(動) 塗(動)

皋(歎) 窟 藪 塵 泥(動) 塊 隄 壩

堆(動) 隅 鄙(靜) 畔(動) 關 沙 漠(靜) 邊

徼 界 限 氏 羌(連) 戎(代) 狄(靜) 蠻

貉 山 嶽 岡 嶺 嵐 巖 島

嶼 坡 瀑 洞 穴 岱 嵩(靜) 衡

岷 石 磁 砥(動) 礪 灘 港 涯

瀕(動) 灣 坎(靜) 阬(動) 水 洋 瀛 江

河 峽 峯 陵(動靜) 邛 阜 谷 壑

澗 湖 淮 泗 漢 濟(動) 漳 涇

渭 潁 洛 淇 潞 汶 沂 潼

淞 浦 滬 泉 源 派(動) 濤 汎(動)

溜 潮 汐 潦 渚 瀆(動) 塘 澤(靜動)

淵(靜) 瀾 池(動) 沼 滴 溪 泡 冰

朝(動) 廷 宮 殿(靜) 階 陛 壇 闕(靜動)

廟 庠 序(動) 泮(動) 館(動) 舍(動) 塾 祠

社 廊 寢(動靜) 廡 衙 署(動) 廠 局

柵 卡 屋 家 宅(動) 堂 軒(靜) 室

房 闈 幕(動) 廂 樞 閨 閫 樓

臺 亭 閣(動) 防(動) 塔 寺 院 奩(動)

廛 廬 齋(動) 閭 鄰(靜) 店 棧 邸

苑 囿(動) 樊 籬 園 圃 廁(動) 倉

廩 廐 庫 庖 廚 屏(動) 竈 門

戶 窗 牖(動) 椽 棟 楣 檐 梯(動)

楹 柱 垣 牆 檻 庭 砌(動) 基
址 座 閈(動靜) 隙(靜) 巢 禮 制(動) 政
程 綱 緒 詔 命(動) 令(動靜) 租(動) 税
帑 慶(動) 贄 圭 璽 鑾 鼎 彝
筵 俎 豆 籩 簠 簋 笏 樂(動)
鐘 鐸 呂 鑼 磬(動) 琴 瑟(狀) 琶
箏 簫 笛 笳 竽 笙 鼓(動) 鼙
舞(動) 韶(靜) 佾 刑(動) 理(動) 罰(動) 牢(靜) 獄
械 戮(動) 梏 枷 笞(動) 罪(動) 文 字(動)
詩 頌(動) 賦(動) 書(動) 典(動) 謨 誥 易(動靜)
卦 爻 史 譜 籍 簿 策(動) 簡(靜)
函(動) 冊 帖(靜) 牘 卷(動) 碑 契 柬

箋(動) 翰 箴 篇 檢(動) 篆(動) 隸 楷
題 筆 硯 紙 武 功 勳 軍
帥(動) 旅 兵 卒(狀) 隊 守(動) 諜(動) 虜
刀 劍 斧 鉞 戈 戟 矛 鋒
刃 弓 弩 弧 矢 箭 營(動) 壘
鎗 礮 彈(動) 丸 胄 盾 旗 旌(動)
纛 麾(動) 旆 姓 氏 唐 虞(靜動) 商
殷(靜) 周(靜) 隋(動) 魯(靜) 衛(動) 陳(動靜) 蔡(動) 滕(動)
薛 宋(動) 鄭(靜) 趙(動) 魏(靜) 鄧 鄒 堯(狀)
舜 禹 湯 姬 孔(狀) 冉(狀) 閔(動) 孟(靜狀)
軻(靜) 陶(狀) 姜 姒 劉(動) 范 蔣 潘
馮(狀動) 阮 龔 胡(狀代) 彭(狀) 俞(歎) 袁 幽

董動 桀靜 紂靜 皇靜 帝 王動 君 辟動靜
后靜 妃 臣 祖靜動 宗動 族 系 裔
男 女動 考動 妣 父 母 伯靜 叔靜
嬸 舅 姑狀 爺 娘 婆靜 嫗 昆靜
弟靜 兄 夫靜助介 婦 哥 嫂 妻動 妾
姊 妹 姨 娣 媳 姪 甥 壻
孥 孿動 孫動 倫 嫡 眷動 戚動 姻
配動 媵動 師靜 傅動 朋靜 友動靜 賓動 孀
嫠 耆 老靜動 叟 翁 郎 孺 兒
童靜 孩 嬰動 稚靜 酋 傑靜 士 彥
儒靜 俠靜 民 氓 工靜 儈 媒動 夥靜
傭動 婢 僕 奴 僮 皁靜 閽 俗靜

才 資 質動靜 豪 福動 祉 祥靜 慾動
咎 仇 垢 邪靜 毒 害動 禍動 匪
妖 官 員 品 級 職 位動 公靜
侯 卿 僚 藩 臬 憲 尹 部
曹 丞 尉 屬動 吏 翎 頂 爵
俸 祿 胥狀 役 貫動 值動 價 款靜
贏靜 券 票 技 藝動 術 弈 疇靜
巫 匠 伶 優靜 倡動 妓 卝 酵
金 煤 珀 銀 銅 澒 錫動 鐵
鋼 鉛 鋅 銻 鉑 鉀 錳 炭
灰 硫 鹻 鹽 硝 硼 瑙 碧
晶 玻 硇 磈 燐 力 杆 軸

輪 車 贏 機 光 像 影 浪
聲 絃 音 律 簧 管動 點動 面
綫 形 角 句 較動 身 體動 躳
骨 肌 肉 膚 膜 皮 脈 頸
脂 毛 髓 頭 膏動 血 首 額
腦 項 領動 頰 頤動 筋 耳助 目
鬚 眼 睛 眸 瞳 眉 口 鼻靜
脣 齒 牙 臟 膺動 舌 喉 背動
腹 脊 腰 臀 胷 心 肺 肝
腎 脾 胃 膽 腸 脅動 臍 胞
胎 肢 肩 手 指動 鬢 臂 肘
肱 掌動 股 足靜 腳 腿 膝 腕

類字 名

拳 腑 爪 踵 趾 竅 汗 液
髮 須動 髯 顏 貌 魂 魄 齡
疾動 病動 恙 瘧 痢 疫 瘴 棺
尸 柩 謚 誌動 俑 墳 墓 冢靜
總 食動 飯動 粥 麪 餅 餻 羹
齏 饔 飧 油 漿 酒 麴 酪
醋 醬 餹 汁 糟 肴 脯 膳
脩動 膾 鹵靜 醢 醴 農 耦 犂
糞動 穀靜 糧 苗 秧 秀靜 穎靜 禾
稻 秔 秈 米 粢靜 黍 稷 年動
麥 粟 粱 菽 稗靜 秫 粒 粉動
穅 麻 繭 神靜 祇 靈靜 仙 籙

佛 僧 禪動 薩 喇 尼動 鬼 魅
魔 餤 祟 類動 隻 雙 兆靜 伍靜
陸 柒靜 玖靜 度動 寸 尺 丈 量動
升動 斛 鎊 噸 權動 斤 毫 釐
秒 錙 銖靜 鈞 段 匹 片 顆
箇 層 番狀 件 格動 式動 模 樣
第連 羣 色 碧靜 斑靜 黎靜 采動 鮮靜
緇靜 腥靜 臭 葷 味 冕 弁 冠動
旒 纓 帽 笠 衣動 服動狀 衮 裘
袍 衫 袷 襯動 襲動 衲 褐 襟
衽 袂 褎靜 蓑 裳 幅 裠 履動
屨 舄 鞾 韈 屐 被動 衾 褥

佩 巾 帨 帕 紳 綬 組動 緣介
鈕 幣 帛 綾 羅動 綢 絹 紗
錦靜 布動 縐 絨 綸 緍 縷狀 絲
緜靜狀 絮 棉 葛 纊 兜動 髻 笄
簪 釵 釧 玦 環動 鐲 寶 珠
璣 玉 瑤 璞 璋 璧 琉 珍
珊 瑚 瑜 瑕 玷 貨 錢 貝
鈔動 鎰 財 賄動 賂動 器 匾 几
物 案 桌 椅 凳 牀 榻 炕
枕 席動 帷 帳 幄 幔 簾 毯
氈 燭動 鐙 漏動 扇動 棋 鏡 鑑
匳 匣 韜動 箱 籠動 櫛 梳動 鍼

鈎 梭 杼 筐 籃 筒 桶 囊（動）

槖 箕 帚 索（靜動） 繩（動狀） 纜（動） 鑰 鎖

繖 枅 杵 臼 篩（動） 架 符（靜） 準

籌（動） 籤 盒 盃 椀 箸 壺 觴（動）

勺 皿 盞 鍾 盂 盆 盤（狀） 匏

瓢 瓶 甕 鉢 缶 瓦 瓷 甎

缸 革（動） 鍋 鑪 鑿（動） 鋸 錐 鑷

釘（動） 板 牌 椎（靜） 柄 棍 杖（動） 規

矩 範 舟 船 舫 艦 艇 航

榜 楫 槳 柁 篙 帆 篷 槎

輿 軺 轅 轂 軾 軌 轍 轡

韁 鞍 鞭 鞅 羈（動） 勒（動） 槽 鈴

轎 耒 鋤（動） 叉 耜 竿 網 罶

甑（動） 磨（動） 標（靜） 屑（靜狀） 擔（動） 於 匯 火

災 爐 烽 炷 蔬 芥 薑 菜

蔥 蒜 韭 茄 莧 薇 蒓 蓬

蒿（動） 藜 芹 筍 葷 茶 茗 花

瓣 萼 芽 葉 莖 蘂 朵 苞（動）

馨 芳（靜） 蓮 葵 蘜 芙 蓉 芍

藥 草 卉 莽（靜） 藁 苔 藻（靜） 萍

蓼（靜） 蒲 蘆 荻 葦 蕭（靜狀） 芝 薰

芸（靜動） 蕕 箬 蘭 蕙 艾（靜動） 苓 朮

杜（動） 藤 蘿 蕉 萱 蓍 莠（靜） 荊

茅 薪 芻 果（狀靜） 櫻 桃 核（動） 杏

李 梨 榴 柹 杷 欖 荔 萄
橙 柑 橘 棗 棘 薏 蔗 芋
瓜 藕 菱 薺 樹動 木 本 末狀
根狀 柢 株 枝 柯 梗靜 條 枚狀
杪 蔭 柴 菀靜 枯靜 松 柏 檀
梧 桐 梓 椶 榛 栗靜 榆 樟
柰 椿 樗 櫟 樌 橡 柟 梅
杉 椒 樸靜 棫 棠 棣 槐 楝
杞 楊 柳 桑 楓 竹 篁 篠
筍 籜 筏 箑動 禽動 鸞 鳳 凰
鶴 雀 鵬 鳥 鷹 鴻 雁 鵠
雕動 鴟 鴞 梟動靜 鵲 鳧 鷺 鷗
鳸 鳩 鳶 雉 鴿 鸚 鵡 鶉
鶯 鸝 烏靜嘆狀 鷙 雅靜 鵲 燕 翠
鴛 鴦 卵 雞 鵝 鴨 羽 翄狀
翮 翼靜 翹動狀 獸 麒 麟 犧 牲
虎 豹 獅 象 犀 兕 熊 猨
猴 畜動 駱 駝 獺 麋 鹿 麝
麈 猩 豺 狼 貍 狐 貂 兔
夔靜 豸狀 驥 駿靜 馬 駒 驪 騮
駑靜 牛 犢 羊 羔 驢 羸 大
狗 獒 豕 豬 豚 彘 貓 鼠
駟 驂動 蹏 鬣 尾動 駕動 鱗 龍
蛟 虯 蛇 蟒 鯨 魚 鯉 鯊

鮒 鰱 鱸 鮑 鰣 鯗 鯿 鱖

鯽 鱓 鰌 鰮 龜 鼈 黿 鼉

鰲 鯤 鮸 蟹 鰕 黽狀 鼃 蟾

蚌 蛤 蜃 蠣 蝸 蠡 蟶 蠹

蟲 螳 蝙 蝠 蜋 螽 蜻 蝶

蟬 蝗 螢 蠭 蜜 蠟 蛾 蠅

螢 蟁 蠓 蜉 蝣 蠶 蜈 蚣

蚓 蠆 蠍 蜚動 蠹 蛆 蠱動 蛛

蟀 科 蚨 蚤 蝨 蟻 蛀 虺

產動 態 威動 勢 臆狀 棲動狀 顛狀 息動

伴 儔 志動 意狀 性 情 衷 傷動

患動 羞動 矜動 響 韻靜 涕動 淚 詞

證動 譽動 讒 諺 謠動靜 唾動 辭動 敘動

咽動 蹤 迹 事動 業狀 務狀 創動 效動

恩 惠 委動靜 鋪動 暇 別動 亢靜 虛靜

痕 底 人 自 名動 甫 主動 客

輩 聿動狀介 故靜連 將動狀 幾狀靜 因動連 則動狀連 由介狀動

代字類

凡實字用以代名者曰代字

那 我 吾 余 予動 台名 朕名 爾靜狀助

你 汝名 彼靜 伊名 佗 誰 所名靜 皆

厥靜 其狀靜 孰靜 之動介

動字類

凡實字以言事物之行者曰動字

蝕 宿名 震名 颺 照 飄狀 代名 歷名

伏名 候名 支名 縱靜 奉 越名 建 豫名

晉(名) 藏(名) 歐(名) 暹(名) 愛 俾 比(名) 班(名)
合 鎮(名) 度 通(靜) 達(靜名) 塞(名) 觀(名) 學(名)
校(名) 寓(名) 閒(名) 闌(名靜) 庇 居(名靜助) 開 闢
閑(名) 教(名) 紀(名) 統(名) 禁(名) 諭(名) 示(名) 奏(名)
頒(靜) 賜 賞 賑 漕 祭 祀(名) 禱
祝 覲 盟(名) 宴(名) 享 賀 輦(名) 蹕
例(名) 懲 過(名) 赦 宥 捕 犯(靜) 控
訟(名) 判(名) 贖 囚(名) 誅 絞(名) 殺(靜) 斬
訓(名) 銘(名) 錄(名) 集(名) 圖(名) 稟(名) 繪(名) 編
詁 著 歌(名) 註 課(名) 撰 寫 勝(靜)
捷(靜) 克 討 征 伐 攻 侵(靜) 戰(狀)
圍(名) 禦 戍 救 搞 敵(名靜) 寇(名) 獲

敗(靜) 滅 彀(名靜) 殲 狩 儲(靜) 嗣(名) 讓
詐(靜) 誣 假(靜) 欺 負(靜) 侮 干(名) 諂(靜)
僭 妒 偷(靜) 竊(狀) 爭 篡 劫(名) 盜(名)
賊(名) 仕 宦(名) 督(名) 撫(名) 司(名) 使(名) 宰(名)
聘 銜(名) 封(靜) 貶 黜 謫 販 買
賣 貿(靜) 購 沽(名) 鬻 售 兑(名) 押
賒(靜) 借 貸 償 糶 糴 扣 批
賽 招 換 債(名) 貫(名) 摺 據(名) 射
弋(名) 御 畫(名) 醫 卜 筮 占 漁
樵 釣 牧 屠 戲(名) 賭 化 養
喜 動 漲 縮 黏 助 阻 壓
抵 傳(名) 撦 向(名) 離 躍 擺 拋

吸 隧 結 託 劈[名] 回 折 閃
算 積[名] 分[名] 加 減 乘[名] 除[名] 辯
乳[名] 療 死 亡 縊 崩 隕 薨
喪[名] 窆 殯 殮 訃 弔 唁 奠
誄 諱[名] 葬 埋 徇 飲[名] 餐 餉[名]
餬 腐 酖[名] 酌 酣[靜] 醉 醒 釀
饋 餞 耕 種[名] 耘 稼 穡 培
墾 栽[名] 植[名] 穫 舂 秉 績[名] 緝
繡 繅 紡 織 縫[名] 繕 補 綴
懺 數[名狀] 肆[靜] 捌[靜] 拾[靜] 稱[名] 絫[名] 聚
套[名] 總[名] 染 飾[名] 錯[名靜] 製 鍊 治
鑄 勘 劑[名] 斲 削[靜名] 刊 刪 刺[名]

剝 穿 剖 析 碎[靜] 壞[靜] 斷[靜] 續
紹 聯[名] 絡[名] 維[名狀連] 繫 纏 繞 束[名]
縛 締 緘[名] 描 鑲[名] 鏤[名] 琢 磋
鑽[名] 翦[名靜] 掘 測 汲[狀] 澆[靜] 盥 濯[靜]
洗[名] 澣 洒 沾 酬 酢 斟[名] 包[名]
裝[名] 載[名] 輸 攤[名狀] 築[名] 填 墊[靜] 汎
瀉 湧 壅 潑[靜] 消 溯 游[名] 沿
泊[名靜] 溺 淹 涵[靜] 濬[靜] 汪[名] 浸 灌[名]
滋[靜] 潤[靜] 焚 燒 烝[靜名] 炙[名] 烹 爨[名]
炊 烘 熏[靜] 煎 煮 茹[名] 落[名] 薙
鳴 飛 翥 翔 習 馴[靜] 駭 騎
馭 駐 騰[狀] 馳 驅 騁 駛[名] 鯁[名靜]

藝 育 容名 媚 頓靜 修 沐 浴

滌狀 妝名 佯靜 依狀 倚 憑名 靠 坐

臥 興名 定名 在名 傍靜 逸靜 寐 晤

會名 偕 陪靜 頫狀 仰 伸 屈靜 倒靜

偃狀 睹靜 遮 逼狀 替靜 休靜 任名 戴

列名 航 處名 住 匿 留 接 從名靜狀

旋靜 臨 導 思 想 憶 念 懷名

慰 慕 羨 肯狀名 慮 悲 怨名 恨

悵 感 驚 恐 畏名 懼 悍 恥

憎 憾 恣靜 嗜 欲名 戀 忘 猜

忌靜 疑 嬖靜 戒 激靜 蘊狀 恃 決

擬 料名 察靜 知靜 覺靜 解靜 識 悟

悔靜 趣名 恤 憐 惜 惱 聽名 聞名

視 見靜 看 窺 顧連 覽 覯 瞬

相狀名 認 監名 睡 眠 泣 言名 語

云名 曰 說靜 謂 話 談 講 論

謀 計名 議 評名 宣名 譬 誓名 告名

訴 問 訊 詰 訪 號名 召 對靜

答 呼嘆 喚 喧靜 譁 嘖 贊 諷

諫 警 誨 譏 訐 謗 誚 譖

嘲 笑 哂 唱 吟 謳名 嘯 嘶

囀 叫 哭 唬 咨嘆 歎 訝 叱靜

斥 罵 呪 諛 誘 誑名 謔 許名

勸 請 謝 訣名 述 記名 啟名 報名

譯名 讀名 誦名 詠名 吹名 含 吞 噬
啄 吐 嘗名狀 漱 欬名 嘔靜 拜 揖
拱 擯 扶 褒 援 挾 袒靜 承
擁 授 受 取 收名 執 操名 持
把 握 提 挈 攜靜 攘 奪 搶
拘靜 拏 搜 擒 捉 搏 拒名 擊
撞 撻 毆 打 拍 敲名 掠名 摧
揀 擇 揣 摩靜 搔 摹 按 捏
夾靜 揮 排 撐 拖 埽名 拂靜 挑
插名 攀 摘 牽名 引名 抽 舉靜 搖
掣 推 攝 播 拓 拔 張靜名 展
揚靜名 掩 玩名 弄名 披靜 探 賸 覓

投 擲 撤 釋 放 立狀靜 站名 企名
踐 蹋 蹈 垂名 起 跪 登靜 陟
降 踰 躐 進 退 出 入 往靜
來名 歸 復狀 還狀 返 去 至連介 到
移靜 徙 遷 迎 迓 送 艮名 行名
步名 走名 趨 逃 竄 奔 違 避
逝 趁 追 逐靜 邀 遇 遭 逢
隨 侍 造 詣名 適靜 導 運名 遮
涉 超靜 跳 跌靜 陷 距名 務名狀 作
為連名介 振 繼靜 擅 幸名靜 改 變 仿靜狀
稽 肆 措 置 備狀 具名靜 存 發
敷靜 施 匡名 襄名 輔名 佐 薦名 選

徵名 謁 約名靜狀 致 保 嫁 婚名 娶
納 獻名 齎 贈 貽 賚 遺 求
貺 祈 乞 佑 巡 仗名 護 遣
伺 俟 尋名 催 促靜 寄 付 卸
試 驗 辨 供 給靜 需名 用名 費名
賴靜 蓄 裹名 捐 募 債 附 添
兼靜狀 貼 成名靜 勉 娛 得 失名 獎靜
廢靜 棄 停 止名靜 輟 妨 礙靜 欠
卻狀名 免名 冒狀 串 演 競 割 切靜
鬧 騰靜 鬪 罷靜 歇 了名靜 狀名 肖靜
略名 挺 悠靜 窒靜 益靜名 損靜名 盡靜 觸
裂靜 蔽名靜 括 循 藉 交 隔 脫連

奮狀 覆 翩靜 翻靜 斂 蓋名狀 惟狀 以介
有 無狀 并狀 更狀名 諒 況連 應 敢
當靜介 叨 忝 要靜 可狀 堪 罔狀

靜字類

凡實字以肖事物之形者曰靜字

靄 乾名 晴 朗 昭 霽 旱 明名
旭 暗 陰名 陽名 溫 涼名 冷 煖
寒 今 昔名 昨 曩 早 晚 宴
昃 上動 下動 前 後名動 左動 右動 中動
央 正名 側 內 外 表名 裏 橫狀
高 低狀 東 西 南 北 大 清名
順動 直 遼名 徽名 章名 齊名 甘 肅
新 廣 貴 黔名 吉 黑 蒙 古

亞 美動名 安動代 希動 丹名 衆 秘 歧
隘 遠動 邇動 迂 遐代 近動 遥狀 險
夷名動 泰狀 華名 恆 滄名 溼 閒動 治動
冤名 究動 騷動 勇名 親名動 疏名動 鰥名 寡
孤名 霸名 善動狀 聖 賢動 哲 乂動 良狀
淑動 佳動 好動 懿數 篤 純名 敦名狀 仁名
孝 忠 貞 節名 廉名 儉 恭 敬
端名 莊名 誠 信動名 孚動 寬 雍名 敏
慧 謙 固狀 剛 介動名 毅 嚴狀 嘉動
康 榮名 壽動 昌 綏名 悉動數狀 陋 劣
癡 頑 愚動 拙 蠢狀 昧 悖 妄
謬 誤 僞 枉 狎動 忤動 驕動 傲

狂 狡 奢 侈 貪動 吝 滛 汙動
穢名 僻 奸 凶 刁名 乖 戾動 暴動
虐 刻動名 殘 忍 亂動 夭狀 副 元
秩名 賤 差動名 贓名 富 貧 博名 利名
輕名 淡 緑名 酸 強動 静 重狀 斜
濃 凹 凸 幻 平 方 圜 橢
全 等動名 倍動 和動 偶名狀 奇 覃 痛狀
腫 痊 殤 冥 衰名 飢 餓 餒
饑 饉 饜 飽 荒 真 怪名 多狀
少 半 零名 單 一 二 三 四
五 六 七 八 九 十 百 千
萬名 億動 參 什名 廿 卅 兩名 次動

盈　餘　紅　白(動)　蒼　藍　赤　紫
朱(名)　皙　青　黃　玄　素(狀)　縞(名)　盧(名)
絳　紋　麗(動)　絢　黛　甜(動)　鹹　苦(名)
粹　旨(名)　褻(名)　黼(名)　黻(名)　香(名)　破(動)　敝
朽　爛　絕(狀)　嵌(名動)　彎(動)　轉(動)　深　淺
激(動)　濁　濫　沸(狀)　溢　流(動名)　浮(動)　凝(動)
涸　漫(狀)　沉(動)　沒(動)　渾　熟(狀)　焦(名)　熱
燥　熾　烈　茂　蔓(名)　菲　鬱　葆(名動)
蕪　萎　叢(名)　雌　雄　牝　牡　駢
駛(動)　孕(動)　生(動)　活　姿(名)　嬌　妍　婉
壯(名)　健　丰　偉　肥　瘠　瘦　弱
憔　悴　困(名動)　疲　懶　潔(動)　皺　禿

裸　贅　舒　昂　違(狀)　夢(名)　傾(動)　嬉
就(動連)　怡　悅　快(狀)　欣　幸(動)　願(狀動)　愜
憂(名)　哀(動)　愁(動)　慘(狀)　悼(動名)　悶　惻　慨
怕(動)　怯　懦　悚　慙　辱(狀)　赧　憤(動)
怒(狀)　忿　慍　慢(動)　怠　惰　懈　急(名)
惑(動)　私(名)　歉　懍　惕　耐(名)　虔　欽
寵(動)　懇(動)　慣　審(動)　慈　慎(動)　恕　忙
擾(動)　煩(動)　聰　聾　盼(動)　亮(名動)　瞽　盲
眇　瞎　辨(動)　喻(動)　囂(狀)　默(動)　訥　謹
夸(名)　調(動)　歡　雛(動名)　佞(名)　訛(名)　允(動)　吃(動)
渴(狀)　逆(動)　蹇　迷　宜(動)　肇　初　先(狀)
始　終　呈(動)　飭(動)　行　同(動)　咸(名)　共(動連)

懋(動) 協(狀) 亨(動) 徹(動) 勤(動) 勞(動名) 睦(動) 徧(狀)
曠(動) 乏(動) 窮(動) 窘 完(動) 畢(名動) 訖(動) 儼(狀)
長 短(動) 侔 厚 薄(動) 卑 巨 細
微 小(動) 藐(動狀) 渺 杳 邈 幽 寂
稀 密(狀) 闊(狀) 狹 精(名) 麤 詳(動) 卓
異 矯(動) 藹(狀) 兢 靖(動) 燦 穆(名) 赫
綽 裕(動) 永 普 豐(名) 碩 隆 盛(動名)
彬 炳 熙 宏 崇(動) 巍 峻 洪(名)
溥 浩 汪(名) 渥 滔 蕩(動) 沖(動) 淨
滑 玲 瓏 團(名) 光 扁 豎(動) 硬
堅 確 實(名) 鈍 銳 曲 缺(動名) 穩
妥 融(動) 均 勻 坦 整(動) 散(動) 紛

紜 迅(狀) 徐(狀) 緩(狀) 緊 迫(動) 艱 難
滯 雜 瑣 繁(名) 爽(動) 敝 贍 充(動)
暢 增 虧(動) 空(名) 竭(動) 隱(動) 顯 彰
透(動) 轟 延(動) 複 連(動) 互(狀) 勃 反(動)
偏 仄 柔 猛 勁 悍 酷(狀) 凋
矮 淒 森 豔 嫩 巧 妙 庸(動名)
舊 某(代) 此 尊(動名) 仲 凡 該(名狀) 獨(狀)
特(名狀) 抑(動連) 莫(狀代) 頗(狀) 概(名) 每(狀) 各 愈(狀)
庶(狀) 便(狀) 竟(狀) 殊(狀) 靡 是(代) 斯(動代連) 既(狀)
諸(助) 已(狀助)

狀字類

凡實字以貌動靜之容者曰狀字

曇 久(動) 暫(靜) 乍 極(名) 非(動) 緬 俄(名)

霍　曾靜連　桓名靜　弗　速　能　再　壹
貳　忽名　般名　曡　驟靜　甯靜連　努靜　專名動
唯連　諾　諄　否靜名　並連　遲靜動　跛靜　遽動
逍　預動　迭　宛　太靜　猝　突　劇名
且連助　亦　但連　徒動名　僅　毋　蔑靜　逮連動靜
綦　稍　漸名靜　纔靜　屢　頻名　悉動　尤靜名動
彌動　最靜　尚動　猶名　甚靜　遂動名　聊動　輒
的名助　恰動　仍動靜　然動連　如動連　殆靜　似　啻
苟連　不　勿　必　盍動　曷動　何動代　柰名
奚代　攸　常名　只助

介字類

凡虛字以聯實字相關之義者曰介字

際名　爰動靜　於嘆　屆靜動

連字類

凡虛字用以為提承展轉字句者曰連字

粤名　與動助　儻靜狀　豈動　詎　及動介　暨　又
即靜動　而名助代　乃　設動　若代狀　雖　或動代

助字類

凡虛字用以煞尾與句讀者曰助字

乎介　者代　也　耶　兮　矣　焉狀　哉狀

嘆字類

凡虛字以鳴人心中不平之聲者曰嘆字

嗟　噫　吁